INNERER FRIEDE
ÄUSSERER
FRIEDE

THICH NHAT HANH

INNERER FRIEDE ÄUSSERER FRIEDE

THESEUS

Titel der amerikanischen Originalausgabe:
Being Peace
erschienen bei Parallax Press
P.O.Box 7355, Berkeley, California 94707
Übersetzung aus dem Amerikanischen: Heidrun Gerwens-Henke

ISBN 3-85936-019-1

© 1987 by Thich Nhat Hanh
© der deutschen Ausgabe bei Theseus Verlag AG, Zürich
published by arrangement with Parallax Press
Berkeley, California 94707, U.S.A.
Alle Rechte vorbehalten

Umschlaggestaltung: C. Dornier
Illustrationen: Mayumi Oda
Foto: Jim Forest
Gesamtherstellung: Schneelöwe, 8968 Durach
Printed in Germany

Inhaltsverzeichnis

Vorwort des amerikanischen Herausgebers

Thich Nhat Hanh wurde Mitte der 20er Jahre in Zentral-Vietnam geboren. Im Alter von 16 Jahren, wurde er Mönch. Als der Krieg über sein Land hereinbrach, verließen Nhat Hanh und viele seiner Brüder ihre klösterliche Abgeschiedenheit und engagierten sich aktiv, indem sie Kriegsopfern halfen und ihren Wunsch nach Frieden öffentlich äußerten. 1966 wurde er von der »Fellowship of Reconciliation« zu einer Rundreise durch die USA eingeladen, »um die Hoffnungen und Qualen der stimmlosen Massen des vietnamesischen Volkes zu schildern.« Er kam mit Hunderten von Gruppen und Einzelpersonen zusammen, darunter Verteidigungsminister McNamara, Dr. Martin Luther King, Jr., Thomas Merton und in Europa mit Papst Paul VI. Ein Ergebnis seiner Freimütigkeit war, daß er nicht nach Vietnam zurückkehren konnte, weil ihm dort Verhaftung drohte.

Nach Ende des Krieges versuchten Nhat Hanh und seine Mitarbeiter von der Vietnamesischen Buddhist Peace Delegation mit der Regierung von Hanoi zusammenzuarbeiten und boten über deren Botschaft in Paris an, im Westen Spenden für hungernde Kinder zu sammeln. Aber die Regierung lehnte dieses Angebot ab. Viele Jahre später reiste er nach Malaysia und Singapur, um zu versuchen, etwas für die Sicherheit der »boat people« im turbulenten Golf von Siam zu tun. Aber auch dieser Versuch wurde von verschiedenen Regierungen durchkreuzt. Nicht sicher, wie er fortfahren solle, begann er eine Periode des inneren Rückzugs. Mehr als fünf Jahre blieb Thich Nhat Hanh in seiner Einsiedelei in Frankreich, meditierte, schrieb, arbeitete im Garten und empfing gelegentlich Besucher. 1982 nahm er eine Einladung zur »Reverence for Life Conference« in New York an und ich hatte das Glück, die Konferenz zu besuchen und ihn zu treffen.

Nhat Hanh wurde während dieser Reise das außerordentlich große Interesse bewußt, das unter Amerikanern an buddhistischer Meditation besteht und er sagte zu, im folgenden Jahr wiederzukommen, um Retreats über Buddhismus und Friedensarbeit zu leiten.

Ein Mönch seit mehr als 40 Jahren, hatte er zwei Generationen junger Mönche in Vietnam in der Kunst unterrichtet, die tiefsten buddhistischen Lehren in einer einfachen und poetischen Sprache auszudrücken. Aufgrund seiner Kriegserfahrungen und seiner Bereitschaft, den Tatsachen unserer Zeit ins Auge zu blicken, befassen sich seine Ausführungen auch mit den Themen Leiden, Versöhnung und Frieden.

Seit dieser Besuche in Nordamerika ist Nhat Hanh jährlich wiedergekommen. »Being Peace« (d. amerikanische Titel des Buches, d. Übersetzerin) ist eine Sammlung seiner Reden an Friedensarbeiter und Meditationsschüler während seiner Reise durch buddhistische Zentren im Herbst 1985. Die meisten dieser Vorträge richten sich an eine Gruppe von Retreat-Teilnehmern, die für einige Zeit zusammen waren, Sitz- und Geh-Meditation praktizierten, schweigend ihre Mahlzeiten einnahmen und diskutierten, wie sie eine friedvollere Welt schaffen könnten? Nhat Hanh lud immer die anwesenden Kinder ein, während der ersten 20 oder 30 Minuten jedes Vortrages vorne in der Halle zu sitzen. Vielleicht bemerken Sie Passagen, in denen er zu Kindern spricht, obwohl er sich durch sie auch an die Erwachsenen wendet.

Es war eine große Freude, diesen Band herauszugeben, um die Lehren einem größeren Kreis zugänglich zu machen. Viele Menschen haben geholfen, »Being Peace« entstehen zu lassen, mehr als ich hier dankend erwähnen kann.

Arnold Kotler
Berkeley, Kalifornien
Januar 1987

»Wenn wir friedlich sind,
wenn wir glücklich sind,
können wir aufblühen wie eine Blume
und jeder in unserer Familie,
in unserer ganzen Gesellschaft
wird von unserem Frieden gefördert werden.«

1

Leiden ist nicht genug

Das Leben ist voll von Leiden, aber auch angefüllt mit vielen Wundern: dem blauen Himmel z. B., dem Sonnenschein, den Augen eines Babys. Zu leiden ist nicht genug. Wir müssen ebenso mit den Wundern des Lebens in Berührung sein. Sie sind in uns und um uns herum, überall, jederzeit.

Wenn wir nicht glücklich, wenn wir nicht friedvoll sind, können wir Frieden und Glück nicht mit anderen teilen, selbst mit denen nicht, die wir lieben, mit denen wir unter einem Dach leben. Wenn wir friedvoll, wenn wir glücklich sind, können wir lächeln und blühen wie eine Blume, und jeder in unserer Familie, in unserer gesamten Gesellschaft, wird von unserem Frieden profitieren. Müssen wir eine besondere Anstrengung machen, um die Schönheit des blauen Himmels zu genießen? Müssen wir üben, um uns daran erfreuen zu können? Nein, wir freuen uns einfach. Jede Sekunde, jede Minute unseres Lebens kann so sein. Wo immer wir sind, jederzeit haben wir die Fähigkeit, den Sonnenschein zu genießen und die gegenseitige Anwesenheit und selbst die Empfindung, die unser Atem hervorruft. Wir brauchen nicht nach China gehen, um uns an dem blauen Himmel zu erfreuen. Wir brauchen nicht in die Zukunft zu reisen, um zu genießen, daß wir atmen. Wir können davon in diesem Augenblick berührt sein. Es wäre schade, wenn uns nur das Leiden bewußt wäre.

Wir sind so beschäftigt, daß wir kaum Zeit haben, die Menschen die wir lieben, selbst die in unserem eigenen Haushalt, und uns selbst anzuschauen. Die Gesellschaft ist so organisiert, daß wir sogar dann, wenn wir Freizeit haben, nicht wissen, wie wir sie nutzen können, um mit uns selbst in Kontakt zu kommen. Wir haben Millionen Wege, diese kostbare Zeit zu verschwenden — wir schalten den Fernseher ein oder greifen zum Telefon oder starten das Auto und fahren irgendwohin. Wir sind nicht daran gewöhnt, mit uns selbst zu sein, und wir benehmen uns, als ob wir uns nicht liebten und versuchen, uns selbst zu entrinnen.

Meditation ist, aufmerksam zu achten, was geschieht — in unserem Körper, in unseren Gefühlen, in unserem Bewußtsein und in der Welt. Jeden Tag sterben 40.000 Kinder vor Hunger. Die Supermächte haben nun mehr als 50.000 atomare Sprengköpfe, genug um unseren Planeten viele Male zu zerstören. Und doch ist der Sonnenaufgang wunderbar, und die Rose, die heute morgen vor der Mauer blühte, ist ein Wunder. Das Leben ist beides: fürchterlich und wunderbar. Meditation praktizieren bedeutet, mit beiden Aspekten in Berührung zu sein. Bitte denkt nicht, wir müßten feierlich sein, um zu meditieren. In Wirklichkeit werden wir viel lächeln, wenn wir gut meditieren.

Neulich saß ich mit einer Gruppe von Kindern, und ein Junge namens Tim lächelte sehr schön. Ich sagte: »Tim, Du hast ein sehr schönes Lächeln«, und er sagte, »Danke«. Ich sagte ihm: »Du brauchst mir nicht zu danken, ich muß Dir danken — wegen Deines Lächelns. Du machst das Leben schöner. Statt ‚danke‘ solltest Du sagen: ‚gern geschehen‘.«

Wenn ein Kind lächelt, wenn ein Erwachsener lächelt —

14

ist das sehr wichtig. Wenn wir in unserem täglichen Leben lächeln können, wenn wir friedvoll und glücklich sein können, werden nicht nur wir, sondern wird jedermann davon profitieren. Das ist die grundlegendste Art von Friedensarbeit. Wenn ich Tim lächeln sehe, bin ich glücklich. Wenn ihm bewußt ist, daß er andere Menschen glücklich macht, kann er sagen »gern geschehen«.

*   *   *

Von Zeit zu Zeit müssen wir einfach daran denken, uns zu entspannen und friedvoll zu werden. Vielleicht gönnen wir uns die Zeit für eine Einkehr, einen Tag der Besinnung, an dem wir langsam gehen, lächeln, mit einem Freund Tee trinken und das Zusammensein genießen als wären wir die glücklichsten Menschen der Welt. Das ist nicht ein »Retreat«, es ist ein »treat« (Verwöhnung). Den ganzen Tag können wir lächeln: während der Geh-Meditation, während der Küchen- und Gartenarbeit, während der Sitz-Meditation. Zunächst mag es schwer fallen zu lächeln, und wir müssen überlegen, warum. Lächeln heißt, daß wir »wir selbst« sind, daß wir Kontrolle über uns haben, daß wir nicht in Unachtsamkeit versinken. Diese Art von Lächeln können wir auf den Gesichtern der Buddhas und Bodhisattvas sehen.

Ich möchte Euch ein kurzes Gedicht anbieten, das Ihr von Zeit zu Zeit aufsagen könnt, während Ihr atmet und lächelt.

Einatmend beruhige ich Körper und Geist
Ausatmend lächele ich.
Verweilend im gegenwärtigen Moment
weiß ich, es ist der einzige Moment.

»Einatmend beruhige ich Körper und Geist.« Diese Zeit fühlt sich an wie ein Schluck eisgekühlten Wassers. Du fühlst, wie die Kälte, die Frische Deinen Körper durchströmt. Wenn ich einatme und diese Zeile rezitiere, fühle ich, wie der Atem meinen Körper, meinen Geist beruhigt.

»Ausatmend lächele ich.« Du kennst die Wirkung eines Lächelns. Ein Lächeln kann Hunderte von Muskeln in Deinem Gesicht entspannen und Dein Nervensystem beruhigen. Aus diesem Grund lächeln die Buddhas und Bodhisattvas immer. Wenn Du lächelst, bewirkst Du das Wunder des Lächelns.

»Verweilend im gegenwärtigen Moment.« Während ich hier sitze, denke ich nicht anderswohin: an die Zukunft, oder Vergangenheit. Ich sitze hier und weiß, wo ich bin. Das ist sehr wichtig. Wir neigen dazu, in der Zukunft zu leben, nicht jetzt. Wir sagen: »Warte bis ich die Universität beendet und meinen Doktor gemacht habe, dann werde ich wirklich leben.« Wenn wir es haben, und es ist nicht einfach zu bekommen, sagen wir uns »Ich muß warten, bis ich eine Stelle habe, um *wirklich* zu leben«. Und dann nach der Stelle, ein Auto. Nach dem Auto ein Haus. Wir sind nicht fähig, im gegenwärtigen Moment zu leben. Wir schieben es gerne auf, lebendig zu sein, auf die Zukunft, die fernere Zukunft, wir wissen nicht, wann. Jetzt ist nicht der Moment zu leben. Wir sind möglicherweise überhaupt niemals in unserem ganzen Leben lebendig. Deswegen ist die Technik — wenn wir von einer Technik sprechen müssen — im gegenwärtigen Moment zu *sein*: bewußt zu sein, daß wir hier und jetzt sind, und der einzige Moment, lebendig zu sein, ist der gegenwärtige Moment.

»Weiß ich, es ist der einzige Moment.« Dieses ist der einzige Augenblick, der wirklich ist. Im Hier und Jetzt zu sein und den Augenblick zu genießen, ist unsere wichtigste Aufgabe. »Ruhig werden, lächeln, gegenwärtiger Moment, einziger Moment.« Ich hoffe, Ihr versucht es.

Auch wenn das Leben hart ist, auch wenn es manchmal schwierig ist zu lächeln, müssen wir es versuchen. Gerade so wie wenn wir einander »Guten Morgen« wünschen, es ein wirkliches »Guten Morgen« sein muß. Neulich fragte mich eine Freundin: »Wie kann ich mich zum Lächeln zwingen, wenn ich voller Sorgen bin? Das ist nicht natürlich.« Ich sagte ihr, sie müsse fähig sein, ihren Sorgen zuzulächeln, weil wir mehr sind als unsere Sorgen. Ein menschliches Wesen ist wie ein Fernsehapparat mit Millionen Kanälen. Wenn wir Buddha einschalten, sind wir Buddha. Wenn wir Kummer einschalten, sind wir Kummer. Wenn wir ein Lächeln einschalten, sind wir das Lächeln wirklich. Wir dürfen uns nicht von nur einem Kanal dominieren lassen. Wir haben den Samen von allem in uns und wir müssen die Situation in unsere Hand nehmen, damit wir unsere eigene Souveränität wiederfinden.

Wenn wir uns friedvoll hinsetzen, atmen und lächeln, mit Achtsamkeit, sind wir unser wahres Selbst, wir haben Kontrolle über uns. Wenn wir uns einem Fernsehprogramm öffnen, lassen wir uns von dem Programm einnehmen. Manchmal ist es ein gutes Programm, aber oft ist es nur laut. Weil wir wollen, daß etwas von uns Verschiedenes in uns eintritt, sitzen wir da und lassen ein lautes Fernsehprogramm in uns eindringen, uns plagen, uns zerstören. Selbst wenn unser Nervensystem leidet, haben wir nicht den Mut, aufzustehen und es auszuschalten; denn wenn wir das täten, müßten wir zu unserem Selbst zurückkehren.

Meditation ist das Gegenteil. Es hilft uns, zu unserem wahren Selbst zurückzukehren. Es ist sehr schwierig, in dieser Gesellschaft zu meditieren. Alles scheint sich verschworen zu haben, uns von unserem wahren Selbst abzubringen. Wir haben Tausende von Dingen, wie Videobänder und Musik, die uns helfen, von uns selbst fern zu sein. Meditieren ist, achtsam zu sein, zu lächeln, zu atmen. Das ist genau das Gegenteil. Wir gehen zu uns selbst zurück, um zu sehen, was geschieht; denn meditieren bedeutet, bewußt zu sein, was geschieht. Was geschieht, ist sehr wichtig.

*   *   *

Stell Dir vor, Du erwartest ein Kind. Du mußt für sie oder ihn atmen und lächeln. Bitte warte nicht, bis Dein Kindchen geboren ist, bevor Du es umsorgst. Du kannst in diesem Moment für Dein Baby sorgen, oder sogar früher. Wenn Du nicht lächeln kannst, ist es sehr ernst. Du magst denken. »Ich bin zu traurig. Es ist gerade nicht das Richtige, zu lächeln.« Es mag sein, daß es richtig wäre, zu weinen oder zu schreien, aber Dein Baby wird es abbekommen — alles, was Du bist, alles was Du tust, ist für Dein kleines Kind.

Selbst wenn Du kein Baby in Deinem Bauch hast, ist der Samen bereits da. Selbst wenn Du nicht verheiratet bist, selbst wenn Du ein Mann bist, sollte Dir bewußt sein, daß ein Baby bereits da ist, die Samen künftiger Generationen sind bereits da. Bitte warte nicht bis der Arzt Dir sagt, Du erwartest ein Baby, bevor Du beginnst, dafür Sorge zu tragen. Es ist bereits da. Was immer Du bist, was immer Du tust, Dein Baby wird es bekommen. Alles, was Du ißt, jede Sorge in Deinem Kopf wird für ihn oder sie sein. Willst Du mir sagen, Du könntest nicht lächeln? Denk an das Baby und lächle für es, für die künftigen Generationen. Bitte erzählt mir nicht, daß ein Lächeln und Deine Sorgen nicht zusammen passen. Du bist traurig, aber was ist mit Deinem Baby? Es ist nicht sein Kummer.

Kinder verstehen sehr gut, daß in jeder Frau, in jedem Mann die Fähigkeit vorhanden ist, zu erwachen, zu verstehen und zu lieben. Viele Kinder haben mir gesagt, sie könnten mir niemanden zeigen, der diese Fähigkeit nicht habe. Manche Menschen erlauben ihr, sich zu entwickeln, und manche nicht; aber jeder hat sie. Diese Fähigkeit, zu erwachen, sich bewußt zu werden, was mit den Gefühlen, im Körper, in den Vorstellungen, in der Welt geschieht, heißt Buddha-Natur, die Fähigkeit zu verstehen und zu lieben. Da das Baby dieses Buddhas in uns ist, sollten wir ihm oder ihr die Chance geben. Es ist sehr wichtig zu lächeln. Wenn wir nicht fähig zum Lächeln sind, wird die Welt keinen Frieden haben. Nicht durch die Teilnahme an einer Demonstration gegen Missiles führen wir Frieden herbei. Durch unsere Fähigkeit zu lächeln, zu atmen und Frieden zu sein können wir Frieden schaffen.

2

Die drei Juwelen

Viele von uns sorgen sich um die Lage der Welt. Wir wissen nicht, wann die Bomben explodieren werden. Wir fühlen, daß wir am Rande des Abgrunds stehen. Als Einzelne fühlen wir uns hilflos und verzweifelt. Die Situation ist bedrohlich, Ungerechtigkeit weitverbreitet, die Gefahr ist nahe. In dieser Situation werden die Dinge nur noch schlimmer, wenn wir in Panik verfallen. Wir müssen ruhig bleiben, um klar zu sehen. Meditation ist, achtsam zu sein und versuchen zu helfen.

Ich benutze gerne das Beispiel eines kleinen Bootes, das den Golf von Siam überquert. In Vietnam gibt es viele Leute, genannt »boat people«, die das Land in kleinen Booten verlassen. Oft geraten die Boote in rauhe See oder Stürme. Die Leute können leicht in Panik geraten und das Boot kann sinken. Aber wenn nur eine Person an Bord ruhig und klar bleibt und erkennt, was getan und nicht getan werden muß, kann sie dazu beitragen, daß das Boot überlebt. Ihr Ausdruck — das Gesicht, die Stimme — überträgt Klarheit und Ruhe, und die Leute vertrauen dieser Person. Sie werden zuhören, was er oder sie sagt. Eine solche Person kann das Leben vieler retten.

Unsere Welt ist wie so ein kleines Boot. Mit dem Kosmos verglichen ist unser Planet ein sehr kleines Boot. Wir sind dabei, in Panik zu geraten, weil unsere Situation nicht besser ist als die des kleinen Bootes im Meer. Ihr wißt, daß wir mehr als 50.000 Atomwaffen haben. Die Menschheit ist eine sehr gefährliche Spezies geworden. Wir brauchen Menschen, die ruhig sitzen und lächeln und friedlich gehen können. Wir brauchen solche Menschen, damit wir gerettet werden. Der Mahayana Buddhismus sagt, daß Du diese Person bist, jede(r) von Euch diese Person ist.

*   *   *

Ich hatte einen Studenten mit Namen Thich Thanh Van, der im Alter von 6 Jahren ins Kloster eintrat und mit 17 begann, bei mir zu studieren. Später war er der erste Direktor der Schule der Jugend für Sozialdienst, wo er Tausende von jungen Leuten anleitete, die während des Vietnamkrieges daran arbeiteten, zerstörte Dörfer wieder aufzubauen und Zehntausende von Flüchtlingen umzusiedeln, die den Kriegszonen entflohen. Er starb bei einem Unfall. Ich war in Kopenhagen, als ich vom Tod meines Schülers erfuhr. Er war ein sehr liebenswürdiger Mönch und sehr mutig.

Als er Novize war, 6 oder 7 Jahre alt, sah er, wie Leute zum Tempel kamen und Kuchen und Bananen brachten, um sie dem Buddha anzubieten. Er wollte wissen, wie der Buddha Bananen ißt. So wartete er, bis alle gegangen waren und der Schrein geschlossen war und schielte durch die Tür, darauf wartend, daß der Buddha seine Hand ausstrecken, die Banane nehmen, schälen und essen würde. Er wartete und wartete, aber nichts geschah. Der Buddha schien keine Bananen zu essen; es sei denn, er bemerkte, daß jemand ihm nachspionierte.

Thich Than Van erzählte mir eine Reihe anderer Geschichten über die Zeit, als er ein Junge war. Als er entdeck-

te, daß die Statue des Buddha nicht der Buddha war, begann er zu fragen, wo die Buddhas sind; denn Buddhas
schienen nicht unter den Menschen zu leben. Er zog daraus
den Schluß, daß Buddhas nicht sehr nett seien, denn wenn
sie zu Buddhas wurden, verließen sie uns, um zu einem weit
entfernten Land zu gehen. Ich sagte ihm, daß wir selber die
Buddhas seien. Sie sind aus Fleisch und Blut, nicht aus
Kupfer oder Silber oder Gold. Die Buddha-Statue ist nur
ein Symbol des Buddhas, so wie die amerikanische Flagge
ein Symbol für Amerika ist. Die amerikanische Flagge ist
nicht das amerikanische Volk. Der Wortstamm »buddh«
bedeutet »erwachen«, »wissen« und »verstehen«; und der-
oder diejenige, welche(r) erwacht und versteht, wird ein
Buddha genannt. So einfach ist das. Die Fähigkeit, aufzu-
wachen, zu verstehen und zu lieben, heißt Buddha-Natur.
Wenn Buddhisten sagen »Ich nehme Zuflucht zu Buddha«
drücken sie Vertrauen aus in ihre eigene Fähigkeit zu verstehen und zu erwachen. Die Chinesen und Vietnamesen sagen: »Ich gehe zurück und verlasse mich auf den Buddha
in mir«. Der Zusatz »in mir« macht sehr deutlich, daß Du
selbst der Buddha bist.

Im Buddhismus gibt es drei Juwelen: Buddha, der Er-
wachte; Dharma, der Weg des Verstehens und Liebens; und
Sangha, die Gemeinschaft, die in Harmonie und Bewußtsein lebt. Die drei hängen zusammen und manchmal ist es
schwierig, eins vom anderen zu unterscheiden. In jedem
Menschen ist die Fähigkeit zu erwachen, zu lieben und zu
verstehen. So finden wir in uns selbst Buddha, und wir finden ebenso Dharma und Sangha. Ich werde mehr über
Dharma und Sangha erklären, aber erst will ich etwas über
Buddha sagen, d. h. der- oder diejenige, die ihr Verstehen
und Lieben zur höchsten Stufe entwickelt haben. (In Sanskrit heißt Verstehen prajña und Liebe karuna und maitri.)
Verstehen und Liebe sind nicht zwei Dinge, sondern eins.

Stell Dir vor, Dein Sohn wacht eines Morgens auf und sieht, daß es schon ziemlich spät ist. Er beschließt, seine kleine Schwester aufzuwecken, um ihr genügend Zeit zum Frühstück zu geben, bevor sie zur Schule geht. Sie hat schlechte Laune und anstatt zu sagen, »Danke für's Wecken«, sagt sie, »Sei still! Laß mich in Ruhe!« und tritt ihn. Er wird wahrscheinlich ärgerlich und denken »Ich habe sie nett geweckt. Warum hat sie mich getreten?« Vielleicht will er in die Küche gehen und Dir davon erzählen oder sie sogar zurücktreten. Aber dann fällt ihm ein, daß seine Schwester in der Nacht viel gehustet hat und ihm wird klar, daß sie krank sein muß. Vielleicht hat sie eine Erkältung, vielleicht benimmt sie sich deswegen so gemein. Er ist nicht mehr ärgerlich. In dem Moment ist »buddh« in ihm. Er versteht, er ist erwacht.

Wenn Du verstehst, kannst Du nicht anders als lieben. Du kannst nicht ärgerlich werden. Um Verstehen zu entwickeln, mußt Du üben, alle lebenden Wesen mit den Augen des Mitgefühls anzusehen. Wenn Du verstehst, liebst Du. Und wenn Du liebst, handelst Du natürlicherweise in einer Art, die das Leiden von Menschen erleichtern kann.

Jemand, der erwacht ist, der weiß, der versteht, heißt Buddha. Buddha ist in jedem von uns. Wir können wach, verstehend und liebend werden. Ich sage oft zu Kindern, sie könnten, wenn ihre Eltern gerade sehr verständnisvoll und liebevoll, fürsorglich und lächelnd, schön wie eine Blume sind, zu ihnen sagen: »Mami (oder Papi), Ihr seid heute so buddha«.

*   *   *

Vor zweitausendfünfhundert Jahren gab es eine Person, die in einer Weise praktizierte, daß ihr Verstehen und ihre

Liebe vollkommen wurden, und alle Welt erkannte dies. Sein Name war Siddharta. Als Siddharta sehr jung war, begann er darüber nachzudenken, daß zum Leben viel Leid gehört, daß die Menschen einander nicht genug lieben und einander nicht genug verstehen. Deswegen verließ er sein Heim und ging in die Wälder, um zu meditieren, zu atmen und zu lächeln. Er wurde Mönch und er versuchte zu praktizieren, um sein Erwachen, sein Verstehen und seine Liebe zur höchsten Stufe zu entwickeln. Er praktizierte viele Jahre Sitz- und Geh-Meditation mit fünf Freunden, die auch Mönche waren. Obwohl sie intelligente Leute waren, machten sie Fehler. Zum Beispiel aßen sie jeden Tag nur ein Stück Obst — eine Mango oder eine Guajave oder eine Steinfrucht. Manchmal wird übertrieben und gesagt, Siddharta habe nur einen Sesamsamen pro Tag gegessen. Aber ich ging zu dem Wald in Indien, wo er seine Übungen machte, und ich weiß, es ist Unsinn, weil es dort keine Sesamsamen gibt. Ich habe auch den Anoma-Fluß, in dem er häufig badete, und den Bodhi-Baum, wo er saß und ein Buddha wurde, gesehen. Der Bodhi-Baum, den ich gesehen habe, ist nicht derselbe Baum. Es ist der Groß-groß-groß-Enkel des ersten Bodhi-Baumes.

Eines Tages wurde Siddharta so schwach, daß er nicht mehr praktizieren konnte, und da er ein intelligenter junger Mann war, beschloß er, ins Dorf zu gehen und etwas zu essen zu holen — Bananen oder Kuchen oder irgendetwas. Aber kaum hatte er vier oder fünf Schritte gemacht, wurde er ohnmächtig. Er verlor sein Bewußtsein, weil er zu hungrig war. Er wäre gestorben, aber ein Milchmädchen, das Milch ins Dorf brachte, sah ihn und kam herüber. Sie fand ihn noch lebend, noch atmend, aber sehr schwach. Und so nahm sie eine Schale und goß etwas Milch in seinen Mund. Zunächst reagierte Siddharta nicht, aber dann bewegten sich seine Lippen und er begann, die Milch zu trinken. Er trank eine ganze Schale Milch und fühle sich dann viel besser und setzte sich langsam hin. Er sah wunderschön aus; denn Siddharta war eine sehr, sehr gutaussehende Person. Heutzutage werden Statuen von ihm gemacht, die nicht sehr schön sind. Manchmal sind sie sogar grimmig, ohne irgendein Lächeln auf seinem Gesicht. Aber er war eine sehr schöne Person und das Milchmädchen dachte, er müsse der Gott der Berge sein. Sie kniete nieder und wollte ihn anbeten. Aber er streckte seine Arme aus und sagte ihr, sie solle das nicht tun. Und er erzählte ihr etwas. Was meint ihr, was er zu ihr gesagt hat?

Er sagte: »Bitte gib mir noch eine Schale Milch.« Weil er sah, daß die Milch wundervoll wirkte, und er wußte, daß wir meditieren können, sobald unsere Körper kräftig genug sind. Die junge Frau war so glücklich, sie gab ihm noch eine Schale Milch. Danach erkundigte sie sich nach ihm. Er erzählte, daß er ein Mönch sei, der versuche zu meditieren, um sein Mitgefühl und sein Verstehen zu der höchsten Stufe zu entwickeln, so daß er anderen helfen könne. Sie fragte, ob sie irgendetwas tun könne, ihm zu helfen, und Siddharta sagte, »Kannst Du mir jeden Mittag eine Schale Reis bringen? Das würde mir sehr helfen.« Von dem Tage an brachte sie ihm etwas Reis, eingewickelt in Bananenblätter, und manchmal brachte sie auch Milch.

Die fünf anderen Mönche, mit denen Siddharta praktiziert hatte, verachteten ihn und sahen ihn als nichtsnutzig an. »Laßt uns woanders hingehen, unsere Übungen zu machen. Er trinkt Milch und ißt Reis.

Er hat keine Ausdauer.« Aber Siddharta ging es gut. Tagein, tagaus meditierte er und entwickelte seine Einsicht, sein Verstehen und sein Mitgefühl sehr, sehr schnell, während er seine Gesundheit wiederherstellte.

Eines Tages hatte er nach einem Bad in dem Anoma-Fluß den Eindruck, daß er nur noch einmal mehr sitzen müsse, um einen völligen Durchbruch zu erzielen und eine voll erleuchtete Person zu werden. Als er sich gerade hinsetzen wollte, noch in der Geh-Meditation, kam ein Büffelhüter vorbei. In Indien wurden vor 2.500 Jahren Büffel dafür gebraucht, die Pflüge zu ziehen, und die Aufgabe eines Büffelhüters war, auf sie aufzupassen, für sie zu sorgen, sie zu baden und Gras für ihr Futter zu schneiden.

Als der Büffelhüter vorbeikam, sah er Siddharta sehr friedvoll gehen und er mochte ihn sofort. Manchmal sehen wir jemanden, den wir sehr mögen, selbst wenn wir nicht wissen warum. Der Junge wollte etwas sagen, aber er war schüchtern. So näherte er sich Siddharta vier oder fünf Mal, bevor er sagte: »Mein Herr, ich mag Sie sehr gern.« Ermutigt durch diese Antwort sagte der Junge zu ihm: »Ich möchte Ihnen wirklich etwas geben, aber ich habe nichts.« Und Siddharta sagte: »Du hast etwas, was ich brauche. Du hast gerade sehr schönes grünes Gras geschnitten. Wenn Du möchtest, gib mir einen Armvoll von dem Gras.« Der Junge war so glücklich, daß er in der Lage war, ihm etwas zu geben, und Siddharta dankte ihm sehr. Nachdem der Büffelhüter gegangen war, verteilte Siddharta das Gras zu einer Art Kissen, auf dem er sitzen konnte.

Als er sich hinsetzte, machte er ein Gelöbnis: »Ich werde nicht aufstehen, bis ich volle Erleuchtung erlangt habe«. Mit dieser großen Entschlossenheit meditierte er die ganze Nacht, und als der Morgenstern am Himmel erschien, wurde er eine voll erleuchtete Person, ein Buddha, mit der höchsten Fähigkeit zu verstehen und zu lieben.

*   *   *

Der Buddha blieb zwei Wochen an diesem Platz. Er lächelte und erfreute sich seines Atems. Jeden Tag brachte ihm das Milchmädchen Reis und der Büffelhüter kam auch vorbei, um ihn zu sehen. Er lehrte sie, zu verstehen, zu lieben und wach zu sein. Es gibt einen Abschnitt im Pali Kanon mit Namen »Sutta des Büffelhütens«. Er zählt elf Fertigkeiten auf, die ein Büffelhüter haben muß: Er muß seine eigenen Büffel erkennen, Rauch erzeugen, um Moskitos fernzuhalten, Wunden versorgen können, wissen, wo die Büffel den Fluß überqueren und Plätze mit genügend Gras und Wasser zur Nahrung finden können. Nach Aufzählung der elf Fertigkeiten sagt der Buddha den Mönchen, daß Meditation genauso sei. Und er zählt elf vergleichbare Fertigkeiten für Mönche auf: die fünf Bestandteile des menschlichen Wesens erkennen, und so weiter. Die meisten Erzählungen über das Leben von Buddha übersehen die zwei Wochen, in denen er am Bodhi Baum blieb und mit dem Milchmädchen und Büffelhüter langsam und freudevoll Geh-Meditation praktizierte. Aber ich bin sicher, daß es so war. Wie hätte der Buddha sonst das »Sutta des Büffelhütens« verkünden können? Der Büffelhüter muß ein Schüler des Buddha geworden sein, als er älter wurde. Und eines Tages verkündete der Buddha dieses Sutta, als der Büffelhüter in der ersten Reihe saß.

*　　*　　*

Nach zwei Wochen wurde dem Buddha klar, daß er sich von seinem Sitz unter dem Bodhibaum erheben und sein Verständnis und sein Mitgefühl mit anderen teilen müsse. Er sprach zum Milchmädchen und zum Büffelhüter: »Es tut mir leid, aber ich muß Euch nun verlassen. Wir sind so glücklich miteinander, aber ich muß gehen und mit den Erwachsenen arbeiten.« Er dachte nach, mit wem er sein Verständnis und sein Mitgefühl teilen könnte und er dachte an

28

die fünf Freunde, die mit ihm praktiziert hatten. Er lief einen ganzen Tag, um sie zu finden.

Als er auf ihr Lager traf, hatten sie gerade ihre Nachmittags-Sitz-Meditation beendet. Sie saßen viel. Inzwischen waren sie sehr dünn, wie Ihr Euch vorstellen könnt. Einer von ihnen sah den Buddha ankommen und sagte zu den anderen: »Steht nicht auf, wenn er kommt. Geht nicht zum Tor, um ihn willkommen zu heißen. Geht nicht Wasser für ihn holen, um seine Füße und Hände zu waschen. Er hat aufgegeben. Er aß Reis und trank Milch.« Aber als er ankam, war er so schön und so friedvoll, daß sie nicht anders konnten, als ihm Wasser anzubieten, seine Hände und Füße zu waschen, und ihm einen besonderen Platz zu geben. Der Buddha sagte zu ihnen: »Freunde, ich habe einen Weg gefunden, um Verstehen und Lieben zu entwickeln. Setzt Euch bitte hin. Ich werde Euch unterweisen.« Zunächst glaubten sie ihm nicht. Sie sagten: »Siddharta, Du hast aufgegeben, als wir zusammen praktiziert haben. Du hast Milch getrunken und Reis gegessen. Wie ist es möglich, daß Du eine voll erleuchtete Person geworden bist? Bitte erzähl es uns. Wir können es nicht glauben.« Der Buddha sagte: »Freunde, habe ich Euch je eine Lüge erzählt?« Tatsächlich hatte er nie jemanden belogen und die fünf Freunde erinnerten sich daran. »Ich habe Euch nie belogen. Jetzt erzähle ich Euch auch keine Lüge. Ich bin ein voll erleuchteter Mensch geworden und ich werde Euer Lehrer sein. Setzt Euch hin und hört mir zu.« Und die fünf setzten sich hin und hörten dem Buddha zu. Er gab seine erste Dharma-Unterweisung für Erwachsene. Wenn Ihr diese Worte lesen wollt, sie sind in einem wundervollen Sutra enthalten, welche Grund-Lehren des Buddhismus enthält: Leiden, die Ursachen von Leiden, die Beseitigung von Leidung und den Weg dazu.

Ich habe viele Darstellungen des Lebens von Buddha gelesen. Und ich sehe ihn als eine Person wie uns. Manchmal zeichnen Künstler einen Buddha so, daß wir ihn nicht als menschliches Wesen erkennen. In Wahrheit ist er ein menschliches Wesen. Ich habe so viele Buddha-Statuen gesehen, aber nicht viele wirklich schöne und einfache. Wenn Du jemals ein Bild von Buddha malen willst, sitz bitte nieder und atme fünf oder zehn Minuten und lächele, bevor Du den Stift in die Hand nimmst, um einen Buddha zu zeichnen. Dann zeichne einen einfachen Buddha, schön, aber einfach, mit einem Lächeln. Und wenn Du kannst, zeichne einige Kinder, die mit ihm sitzen. Buddha ist jung, nicht zu unerbittlich, nicht zu feierlich, mit einem sehr leichten Lächeln in seinen Zügen. Wir müssen in diese Richtung gehen; denn wir müssen wenn wir Buddha anschaun, ihn in genau der gleichen Weise mögen wie der Büffelhüter und das Milchmädchen.

*   *   *

Wenn wir sagen: »Ich nehme Zuflucht in Buddha«, sollten wir auch verstehen, daß »Der Buddha Zuflucht zu mir nimmt«; denn ohne den zweiten ist der erste Teil nicht vollständig. Der Buddha braucht uns, damit Erwachen, Verstehen und Liebe reale Dinge und nicht nur Konzepte sind. Sie müssen reale Dinge sein, die reale Wirkung auf das Leben haben. Immer wenn ich sage, »Ich nehme Zuflucht in Buddha«, höre ich: »Buddha nimmt Zuflucht in mich«. Es gibt einen Vers zum Einpflanzen von Bäumen und anderen Pflanzen:

Ich vertraue mich der Erde an,
Die Erde vertraut sich mir an
Ich vertraue mich Buddha an
Buddha vertraut sich mir an

»Ich vertraue mich der Erde an« ist wie »Ich nehme Zuflucht in Buddha.« (Ich identifiziere mich mit der Pflanze.) Die Pflanze wird durch die Erde leben oder sterben. Die Pflanze nimmt Zuflucht in die Erde, in den Boden. Aber die Erde vertraut sich mir an, weil jedes Blatt, das niederfällt und sich zersetzt, den Boden reicher macht. Wir wissen, daß die Erdschicht, die reich und schön ist, durch die Vegetation so wurde. Wenn unsere Erde grün und schön ist, ist es wegen dieser Vegetation. Deshalb: So wie die Vegetation die Erde braucht, braucht die Erde auch die Vegetation, um sich als wunderschöner Planet auszudrücken. So müssen wir, wenn wir sagen »Ich vertraue mich der Erde an« — ich, die Pflanze — die andere Version auch hören »Die Erde vertraut sich mir an«. »Ich vertraue mich Buddha an, Buddha vertraut sich mir an«. Dann ist es sehr klar, daß das Verstehen, die Weisheit und die Liebe von Shakyamuni Buddha uns brauchen, um wieder real im Leben zu sein. Deswegen haben wir eine sehr wichtige Aufgabe: Erwachen zu realisieren, Mitgefühl zu realisieren, Verstehen zu realisieren.

Wir sind alle Buddhas, weil nur durch uns Verstehen und Liebe greifbar und wirksam werden. Thich Thanh Van wurde während seines Versuchs getötet, anderen Menschen zu helfen. Er war ein guter Buddhist, er war ein guter Buddha, weil er in der Lage war, Zehntausenden von Menschen, Kriegsopfern, zu helfen. Wegen ihm waren Erwachen, Verstehen und Liebe reale Dinge. So können wir ihn einen Buddhakörper nennen, in Sanskrit »Buddhakaya«. Es muß einen »Buddhakaya«, eine Verkörperung von erwachter Aktivität geben, damit Buddhismus real sein kann. Sonst ist Buddhismus nur ein Wort. Thich Thanh Van war ein Buddhakaya. Shakyamuni war ein Buddhakaya. Wenn wir erwachen, wenn wir verständnis- und liebevoll sind, ist jeder von uns ein Buddhakaya.

Der zweite Edelstein ist der Dharma. Dharma ist, was Buddha lehrte. Es ist der Weg des Verstehens und Liebens — wie verstehen können und lieben, wie können Lieben und Verstehen durch uns zu etwas Wirklichem werden? Bevor der Buddha verstarb, sagte er zu seinen Schülern: »Liebe Leute, mein physischer Körper wird morgen nicht mehr hier sein, aber mein lehrender Körper wird immer hier sein um zu helfen. Ihr könnt ihn als Euren eigenen Lehrer ansehen, einen Lehrer, der Euch nie verläßt. Das ist die Geburt von »Dharmakaya«. Der Dharma hat auch einen Körper, den Körper der Lehre oder den Körper des Weges. Wie Ihr sehen könnt, ist die Lehre des Dharmakaya recht einfach, obwohl es im Mahayana sehr kompliziert gemacht wurde. Dharmakaya meint nur die Lehre des Buddha, den Weg, Verstehen und Liebe zu realisieren. Später wurde es so etwas wie der ontologische Grund des Seins.

Alles, was Dir helfen kann zu erwachen, hat Buddha-Natur.

Wenn ich allein bin, und ein Vogel ruft mich, kehre ich zu mir selbst zurück, ich atme, ich lächele, und manchmal ruft er mich nochmal. Ich lächele und ich sage zu dem Vogel: »Ich höre schon.« Nicht nur Töne, auch ein Anblick kann Dich daran mahnen, zu Deinem wahren Selbst zurückzukehren. Morgens, wenn Du Dein Fenster öffnest, und das Licht einströmen siehst, kannst Du es als die Stimme des Dharma erkennen, und es wird Teil des Dharmakaya. Deswegen sehen Menschen, die erwacht sind, die Manifestation des Dharma in allem. Ein Kieselstein, ein Bambusbaum, der Schrei eines Babys, alles kann die rufende Stimme des Dharma sein. Wir sollten fähig sein, so zu praktizieren.

Eines Tages kam ein Mönch zu Tue Trung, dem erlauchtesten Lehrer des Buddhismus in Vietnam im 13. Jahrhundert, einer Zeit, als der Buddhismus in Vietnam blühte. Der Mönch fragte ihn: »Was ist der reine, fehlerfreie Dharmakaya?« und Tue Trung zeigte auf die Exkremente eines Pferdes. Dieses war ein respektloser Ansatz zu Dharmakaya, weil die Leute das Wort makellos benutzten, um es zu beschreiben. Du kannst keine Worte gebrauchen, um den Dharmakaya zu beschreiben. Selbst wenn wir sagen, er ist makellos, rein, heißt das nicht, daß er getrennt von unreinen Dingen ist. Realität, letzte Wirklichkeit, ist frei von allen Adjektiven, rein oder unrein. Er gab deswegen diese Antwort, um den Geist des Mönchs durchzuschütteln, so daß er sich von allen Adjektiven reinigen und Einblick in die Natur von Dharmakaya bekommen konnte. Ein Lehrer ist ebenso Teil des Dharmakaya, weil er oder sie uns hilft, wach zu sein. Die Art und Weise, wie sie schaut, ihr tägliches Leben lebt, mit Leuten, Tieren und Pflanzen umgeht, hilft uns, Verstehen und Liebe in unserem Leben zu realisieren.

Es gibt viele Arten des Lehrens: Lehren durch Worte, Lehren durch Bücher, Lehren durch Tonbandkassetten. Ich habe einen Freund, der Zen-Lehrer in Vietnam ist, recht bekannt, aber nicht viele Leute können kommen, um mit ihm zu studieren. Deswegen machen sie Tonbandkassetten von seinen Vorträgen und er wurde bekannt als Kassetten-Mönch! Er ist noch in Vietnam. Die Regierung hat ihn gerade aus seinem Kloster gejagt. Deswegen mußte er zu einem anderen Ort gehen, um zu lehren. Er darf nicht in Ho Chi Minh Stadt leben, weil zu viele Menschen kommen, um ihn zu hören, wenn er dort lehrt. Und die Regierung mag das nicht.

Selbst wenn er nicht lehrt, ist sein Dasein sehr hilfreich für uns, um wach zu sein; denn er ist Teil des Dharmakaya. Dharmakaya wird nicht nur in Worten, in Tönen ausgedrückt. Er kann sich durch einfaches Dasein ausdrücken. Manchmal helfen wir mehr, wenn wir nichts tun als wenn wir viel tun. Wir nennen das Nicht-Handeln. Es ist wie die ruhige Person auf einem kleinen Boot in einem Sturm. Diese Person muß nicht viel tun, nur sie selbst sein und die Situation kann sich ändern. Das ist auch ein Aspekt von Dharmakaya: nicht sprechen, nicht lehren, nur sein.

Das gilt nicht nur für menschliche Wesen, sondern genauso für andere Spezies. Schau die Bäume in Deinem Garten an. Ein Eichenbaum ist ein Eichenbaum. Das ist alles, was er zu tun hat. Wenn ein Eichenbaum weniger als ein Eichenbaum ist, kommen wir alle in Schwierigkeiten. Deswegen predigt die Eiche den Dharma. Ohne etwas zu tun, ohne in der Schule der Jugend für den Sozialdienst zu dienen, ohne zu predigen, selbst ohne zu meditieren ist die Eiche sehr hilfreich für uns alle, indem sie einfach da ist. Jedesmal, wenn wir die Eiche ansehen, haben wir Vertrauen. Während des Sommers sitzen wir darunter und fühlen uns kühl, entspannt. Wir wissen, daß wir keine gute Luft zum Atmen haben wenn die Eiche nicht da ist und alle anderen Bäume auch nicht da sind.

Wir wissen auch, daß wir in unseren früheren Leben Bäume waren. Vielleicht waren wir selbst eine Eiche. Das ist nicht nur buddhistisch; das ist wissenschaftlich. Die menschliche Rasse ist eine sehr junge Rasse — wir sind erst kürzlich auf der Erde erschienen. Davor waren wir Stein. Wir waren Pflanzen, wir waren Bäume und nun sind wir Menschen geworden. Wir müssen unsere vergangenen Existenzen erinnern. Das ist nicht schwer. Setz Dich nur hin und atme und schau, und Du kannst Deine früheren Existenzen sehen. Wenn wir die Eiche anschrein, ist sie nicht beleidigt. Wenn wir die Eiche loben, hebt sie nicht ihre Nase. Wir können den Dharma von der Eiche lernen; deswegen ist die Eiche Teil unseres Dharmakaya. Wir können von allem lernen, das um uns, das in uns ist. Selbst wenn wir nicht in einem Meditationszentrum sind, können wir immer noch zu Hause praktizieren, weil Dharmakaya uns

umgibt. Alles predigt den Dharma. Jeder Kieselstein, jedes
Blatt, jede Blume predigt die Saddharma Pundarika Sutra.

*   *   *

Der Sangha ist die Gemeinschaft, die in Harmonie und
Achtsamkeit lebt. Sanghakaya ist ein neuer Sanskrit-Aus-
druck. Der Sangha braucht auch einen Körper. Wenn Du
bei Deiner Familie bist und Du Lächeln, Atmen sowie die
Anerkennung des Buddhakörpers in Dir und Deinen Kindern praktizierst, dann wird Deine Familie ein Sangha.
Wenn Du eine Glocke in Deinem Haus hast, wird die
Glocke Teil Deines Sanghakaya, weil die Glocke Dir hilft,
zu praktizieren. Wenn Du ein Kissen hast, wird das Kissen
auch Teil des Sanghakaya. Viele Dinge helfen uns zu praktizieren; die Luft, zu atmen. Wenn Du einen Park oder ein
Flußufer in der Nähe Deines Hauses hast, hast Du Glück,
weil Du die Geh-Meditation praktizieren kannst. Du mußt
Dein Sanghakaya entdecken, indem Du einen Freund ein-
lädtst, zu kommen und mit Dir zu praktizieren, Teemedita-
tion zu haben, mit Dir zu sitzen und mit Dir zusammen
Geh-Meditation zu üben. All diese Bemühungen sind dafür da, Dein Sanghakaya zu Hause einzurichten. Die
Übung ist einfacher, wenn Du ein Sanghakaya hast.
  Siddharta, der künftige Buddha, begann, Milch zu trinken, während er mit anderen praktizierte und die fünf
Mönche, die mit ihm waren, gingen fort. So machte er den
Bodhibaum zu seinem Sanghakaya. Er machte den Büffelhüter, das Milchmädchen, den Fluß, die Bäume und die
Vögel um ihn herum zu seinem Sanghakaya. In Vietnam
gibt es diejenigen, die in Umerziehungslagern leben. Sie
haben keinen Sangha. Sie haben kein Zen Center. Aber sie
praktizieren. Sie müssen andere Dinge als Teil ihres Sanghakaya betrachten. Ich weiß von Menschen, die Geh-

35

Meditation in ihren Gefängniszellen praktizierten. Sie haben mir das erzählt, nachdem sie aus dem Lager herauskamen. Deswegen sollten wir unser Sanghakaya einrichten, solange wir noch in der glücklichen Lage sind, so viele Elemente dafür zu finden. Ein Freund, unsere eigenen Kinder, unser eigener Bruder oder unsere Schwester, unser Haus, die Bäume in unserem Hinterhof, alle können Teil unseres Sanghakaya sein.

Buddhismus zu praktizieren, Meditation zu praktizieren, bedeutet für uns, heiter und glücklich, verständnis- und liebevoll zu sein. Auf diese Weise arbeiten wir für den Frieden und das Glück unserer Familie und unserer Gesellschaft. Wenn wir näher hinschauen, sind die Drei Juwelen in Wahrheit eins. In jedem von ihnen sind die anderen schon vorhanden. In Buddha ist der Dharmakörper, weil er ohne den Dharmakörper kein Buddha hätte werden können. Im Buddha ist der Sanghakörper, weil er mit dem Bodhi-Baum, mit den anderen Bäumen, den Vögeln und der Umgebung frühstückte. In einem Meditationszentrum haben wir einen Sangha-Körper, Sanghakaya, weil dort der Weg des Verstehens und Mitgefühls praktiziert wird. Deswegen ist der Dharma-Körper präsent, der Weg, die Lehre sind gegenwärtig. Aber die Lehre kann ohne das Leben und den Körper eines jeden von uns nicht wirklich werden. So ist der Buddhakaya auch gegenwärtig. Wenn Buddha und Dharma nicht da sind, gibt es kein Sangha. Ohne Dich ist der Buddha nicht real, sondern nur eine Idee.

Ohne Dich kann der Dharma nicht praktiziert werden. Er muß von jemandem praktiziert werden. Ohne jeden von Euch kann der Sangha nicht existieren. Deswegen hören wir, wenn wir sagen »Ich nehme Zuflucht in Buddha« ebenso »Der Buddha nimmt Zuflucht in mich«. »Ich nehme Zuflucht in den Dharma. Der Dharma nimmt Zuflucht in mich. Ich nehme Zuflucht in den Sangha. Der Sangha nimmt Zuflucht in mich.«

3

Empfindungen und Wahrnehmungen

Der buddhistischen Lehre zufolge bestehen menschliche
Wesen aus fünf Aggregaten: Form, d. h. unser Körper mit
den fünf Sinnesorganen und dem Nervensystem; Empfindungen, Wahrnehmungen; Gedanken und Bewußtsein.
Ich möchte die Empfindungen und die Wahrnehmungen
erklären.

Jeden Tag haben wir viele Empfindungen. Manchmal
sind wir glücklich, manchmal sorgenvoll, manchmal ärgerlich, gereizt oder ängstlich; und diese Gefühle füllen
unseren Geist und unser Herz. Ein Gefühl dauert eine Weile und dann kommt ein anderes und wieder ein anderes als
ob es einen Strom von Empfindungen gäbe, mit dem wir
fertig werden müssen. Meditation zu praktizieren bedeutet, jede Empfindung wahrzunehmen.

Die Abhidharma Schriften über Buddhistische Psychologie sagen aus, daß Empfindungen von dreierlei Art sind:
angenehm, unangenehm oder neutral. Wenn wir auf einen
Dorn treten, haben wir ein unangenehmes Gefühl. Wenn
uns jemand etwas Nettes sagt, »Du bist sehr klug« oder
»Du bist sehr schön«, haben wir ein angenehmes Gefühl.
Und es gibt neutrale Gefühle, so wie wenn Du dort sitzt
und weder Angenehmes noch Unangenehmes empfindest.
Aber ich habe den Abhidharma gelesen und Buddhismus

praktiziert, und ich finde diese Analyse nicht korrekt. Ein sogenannten neutrales Gefühl kann sehr angenehm werden. Wenn Du sehr schön niedersitzt und Atmen und Lächeln praktizierst, kannst Du sehr glücklich sein. Wenn Du so sitzt und wahrnimmst, daß es Dir gut geht, daß Du keine Zahnschmerzen hast, daß Deine Augen Formen und Farben sehen können, ist das nicht wundervoll?

Für manche Menschen ist es sehr unangenehm zu arbeiten und sie leiden, wenn sie arbeiten müssen. Für andere ist es sehr unangenehm, wenn ihnen verboten wird, zu arbeiten.

Ich tue viele verschiedene Arbeiten. Und wenn Du mir verbietest, Bücher zu binden, den Garten zu bearbeiten, Gedichte zu schreiben, Geh-Meditation zu praktizieren, Kinder zu unterrichten, werde ich sehr unglücklich sein. Für mich ist Arbeit angenehm. Angenehm oder unangenehm hängt von unserer Betrachtungsweise ab.

Wir nennen das Sehen ein neutrales Gefühl. Aber jemand, der sein Augenlicht verloren hat, würde alles hergeben, sehen zu können. Und wenn er es plötzlich könnte, würde er es als ein wunderbares Geschenk ansehen. Wir, die wir Augen haben, die viele Formen und Farben sehen können, sind oft unglücklich. Wenn wir praktizieren wollen, können wir herausgehen und Blätter, Blumen, Kinder und Wolken anschauen und glücklich sein.

Ob wir glücklich sind oder nicht, hängt von unserem Bewußtsein ab. Wenn Du Zahnschmerzen hast, denkst Du, es würde Dich sehr glücklich machen, keine Zahnschmerzen zu haben. Aber wenn Du keine Zahnschmerzen hast, bist Du oft noch nicht glücklich. Wenn Du Achtsamkeit übst, wirst Du plötzlich sehr reich, sehr, sehr glücklich. Buddhismus zu praktizieren ist ein kluger Weg, sich am Leben zu erfreuen. Glück ist vorhanden. Bitte bediene Dich. Alle von uns haben die Fähigkeit, neutrale Empfindungen in angenehme zu verwandeln, sehr angenehme Gefühle, die eine lange Zeit andauern können. Das ist es, was wir während der Sitz- und Geh-Meditation praktizieren. Wenn Du glücklich bist, werden wir alle davon profitieren. Alle lebenden Wesen werden davon profitieren. Die Gesellschaft wird davon profitieren.

Auf dem Holzbalken vor der Meditationshalle in Zenklöstern gibt es eine vierzeilige Inschrift. Die letzte Zeile lautet: »Vergeude nicht Dein Leben«. Unsere Leben bestehen aus Tagen und Stunden und jede Stunde ist kostbar. Haben wir unsere Stunden und unsere Tage vergeudet? Vergeuden wir unsere Leben? Dieses sind wichtige Fragen. Buddhismus zu praktizieren bedeutet, in jedem Moment lebendig zu sein. Wenn wir Sitz- oder Geh-Meditation praktizieren, haben wir die Möglichkeit, es perfekt zu tun. Auch während des restlichen Tages praktizieren wir. Es ist schwieriger, aber es ist möglich. Das Sitzen und das Gehen muß ausgedehnt werden auf die Momente unseres Tages, in denen wir nicht sitzen und nicht gehen. Das ist das Grundprinzip von Meditation.

*   *   *

Wahrnehmen schließt unsere Ideen und Konzepte über die Realität ein. Wenn Du einen Bleistift anschaust, nimmst Du ihn wahr, aber der Bleistift selbst kann sehr verschieden sein von dem Bleistift in Deinem Kopf. Wenn Du mich anschaust, mag das Ich in mir verschieden sein von dem Ich, das Du wahrnimmst. Wir brauchen eine direkte Begegnung, um eine korrekte Wahrnehmung zu haben.

Wenn Du den nächtlichen Himmel anschaust, wirst Du vielleicht einen sehr schönen Stern sehen und ihn anlächeln. Aber ein Wissenschaftler mag Dir erzählen, daß der Stern nicht mehr da ist, daß er vor zehn Millionen Jahren erlosch. So ist unsere Wahrnehmung nicht korrekt. Wenn wir einen wunderschönen Sonnenuntergang sehen, sind wir sehr glücklich in der Annahme, daß die Sonne bei uns ist. In Wahrheit war sie schon vor acht Minuten hinter dem Berg. Es dauert acht Minuten, bis der Sonnenschein unseren Planeten erreicht. Harte Tatsache ist, daß wir nie die Sonne in der Gegenwart sehen. Wir sehen nur die Sonne der Vergangenheit. Nimm an, Du siehst eine Schlange beim Spaziergang in der Dämmerung und Du schreist. Aber wenn Du Deine Taschenlampe auf sie richtest, stellt sie sich als Seil heraus. Das ist ein Irrtum in der Wahrnehmung. Während unseres täglichen Lebens haben wir viele falsche Wahrnehmungen. Wenn ich Dich nicht verstehe, bin ich vielleicht dauernd ärgerlich auf Dich. Wir sind nicht fähig, einander zu verstehen, und das ist die Hauptquelle menschlichen Leidens.

Ein Mann ruderte an einem sehr nebligen Morgen sein Boot stromaufwärts. Plötzlich sah er ein anderes Boot stromabwärts kommen, das nicht versuchte, auszuweichen. Es kam ihm genau entgegen. Er rief: »Vorsicht! Vorsicht«, aber das Boot fuhr genau in seins, das fast sank. Der Mann wurde sehr ärgerlich und fing an, die andere Person anzuschreien und sagte ihm gehörig die Meinung. Aber als er genau hinschaute, sah er, daß in dem anderen Boot gar niemand war. Es stellte sich heraus, daß das Boot sich gelöst hatte und stromabwärts trieb. All sein Ärger verschwand und er lachte und lachte. Wenn unsere Wahrnehmungen nicht korrekt sind, können sie uns eine Menge schlechter Gefühle bereiten. Buddhismus lehrt uns, die Dinge genau anzusehen, um ihre wahre Natur zu verstehen, damit wir nicht irregeführt werden in Leiden und schlechte Gefühle.

Der Buddha hat gelehrt, daß das Eine so ist, weil das Andere so ist. Verstehst Du? Weil Du lächelst, bin ich glücklich. Das Eine ist so, darum ist das Andere so. Das wird Entstehen in Abhängigkeit voneinander (dependent co-arising) genannt.

Stell Dir vor, Du und ich seien Freunde (tatsächlich hoffe ich, wir sind Freunde). Mein Wohlergehen, mein Glück hängen sehr von Dir ab und von deinem Wohlergehen; Dein Glück hängt auch von mir ab. Ich bin verantwortlich für Dich und Du bist verantwortlich für mich. Alles was ich falsch tue, mußt Du erleiden und alles, was Du falsch tust, muß ich erleiden. Deswegen muß ich gut für mich sorgen, um für Dich zu sorgen.

Es gibt eine Geschichte im Pali Kanon über einen Vater und eine Tochter, die im Zirkus auftraten. Der Vater setzte ein sehr langes Bambusrohr auf seine Stirn und seine Tochter kletterte zur Spitze des Rohres. Wenn sie dies taten, gaben Leute ihnen Geld, von dem sie Reis und Curry kauften. Eines Tages sagte der Vater zu seiner Tochter: »Meine liebe Tochter, wir müssen aufeinander aufpassen. Du mußt auf Deinen Vater aufpassen und ich muß auf Dich aufpassen, damit wir sicher sind. Unsere Vorstellung ist sehr gefährlich.« Denn wenn sie stürzen würde, könnten beide ihren Lebensunterhalt nicht mehr verdienen. Wenn sie stürzen und ihr Bein brechen würde, hätten sie nichts mehr zu essen. »Meine Tochter, wir müssen aufeinander aufpassen, damit wir weiterhin unseren Lebensunterhalt verdienen können.«

Die Tochter war weise. Sie sagte: »Vater, Du solltest es so sagen: „Jede(r) von uns sollte auf sich selbst aufpassen, damit wir weiterhin unseren Lebensunterhalt verdienen können." Denn während der Vorstellung kümmerst Du Dich um Dich, Du kümmerst Dich nur um Dich selbst. Du bleibst sehr stabil, sehr aufmerksam. Das wird mir helfen.

Und wenn ich beim Klettern sehr auf mich aufpasse, klettere ich sehr sorgsam, ich lasse nichts Falsches passieren. So solltest Du es sagen, Vater! Du paßt gut auf Dich auf, und ich passe gut auf mich auf. Auf diese Weise können wir weiterhin unseren Lebensunterhalt verdienen.« Der Buddha stimmte zu, daß die Tochter recht habe.

Also, wir sind Freunde und unser Glück hängt voneinander ab. Demnach muß ich auf mich aufpassen und Du mußt auf Dich aufpassen. Auf diese Weise helfen wir einander. Das ist die richtige Erkenntnis. Wenn ich nur sage: »Tue dies nicht, Du mußt jenes tun«, und ich nicht auf mich selbst aufpasse, kann ich viel falsch machen und das hilft nicht. Ich muß mich um mich kümmern, wissend, daß ich verantwortlich für Dein Glück bin. Und wenn Du dasselbe tust, wird alles in Ordnung sein. Das ist Buddhas Lehre von der Wahrnehmung, basierend auf dem Prinzip von der Entstehung in Abhängigkeit voneinander. Buddhismus ist so einfach zu lernen!

Der Buddha hatte einen besonderen Weg, uns zu helfen, das Objekt unserer Wahrnehmung zu verstehen. Er sagte, um zu verstehen, mußt Du eins sein mit dem, was Du verstehen willst. Das ist ein praktikabler Weg. Vor etwa fünfzehn Jahren half ich einem Komitee für Waisenkinder, Opfer des Vietnam-Krieges. Von Vietnam schickten sie Anträge, ein Stück Papier mit dem kleinen Bild eines Kindes in einer Ecke, das den Namen, das Alter und die Lebensbedingungen des Waisenkindes angab. Wir sollten es aus dem Vietnamesischen ins Französische, Englische, Holländische oder Deutsche übersetzen, um einen Paten zu suchen, damit das Kind Essen und Schulbücher bekommen konnte und in die Familie einer Tante oder eines Onkels oder von Großeltern gegeben werden konnte. Dann konnte das Komitee das Geld dem Familienmitglied schicken und die Versorgung des Kindes unterstützen.

42

Jeden Tag habe ich geholfen, etwa 30 Anträge ins Französische zu übersetzen. Ich tat es in der Weise, daß ich mir das Bild des Kindes ansah. Ich habe nicht den Antrag gelesen. Ich habe mir nur die Zeit genommen, das Bild des Kindes anzuschauen. Gewöhnlich wurde ich nach nur 30 oder 40 Sekunden eins mit dem Kind. Ich weiß nicht wie oder warum, aber es ist immer so. Dann nahm ich die Feder auf und übersetzte die Worte vom Antrag auf ein anderes Blatt. Hinterher erkannte ich, daß nicht ich den Antrag übersetzt hatte; es waren das Kind und ich, die eins geworden waren. Während ich sein oder ihr Gesicht anschaute, wurde ich motiviert, und ich wurde er und er wurde ich, und wir übersetzten zusammen. Es ist sehr natürlich. Du brauchst nicht viel Meditation zu praktizieren, um das tun zu können. Du schaust nur, Du erlaubst Dir zu sein und dann verlierst Du Dich im Kind und das Kind in Dir. Dies ist ein Beispiel, das die Art der Wahrnehmung illustriert, die von Buddha empfohlen wurde. Um etwas zu verstehen, mußt Du mit diesem Etwas eins werden.

Die französische Sprache hat das Wort »comprende«, welches bedeutet »verstehen«, »erkennen«, »begreifen«. »Com« heißt »eins sein«, »zusammen sein« und »prende« heißt »nehmen« oder »ergreifen«. Etwas zu verstehen bedeutet, dieses Etwas aufzunehmen und damit eins zu sein. Die Inder haben ein wunderbares Beispiel. Wenn ein Salzkorn den Grad von Salzhaltigkeit des Meeres messen will, um eine Vorstellung von der Salzhaltigkeit des Ozeans zu haben, wirft es sich selbst ins Meer und wird eins damit und die Wahrnehmung ist perfekt.

Heutzutage beginnen Atomphysiker, das Gleiche zu empfinden. Wenn sie tief in die Welt der Subatompartikel kommen, entdecken sie ihren Geist darin. Ein Elektron ist zuallererst Dein Konzept des Elektrons. Das Objekt Deines Studiums ist nicht mehr getrennt von Deinem Geist. Dein

Geist ist sehr stark darin. Moderne Physiker denken, daß das Wort »Beobachter« nicht mehr gültig ist, weil ein Beobachter Abstand hat von dem Objekt, das er beobachtet. Sie haben entdeckt, daß Du in der Atomwissenschaft nicht sehr weit gehen kannst, wenn Du diese Art von Abstand aufrechterhältst. Deswegen haben sie das Wort »Teilnehmer« vorgeschlagen. Du bist kein Beobachter, Du bist ein Teilnehmer. So fühle ich mich immer, wenn ich einen Vortrag halte. Ich möchte nicht, daß die Zuhörer außen sind, nur beobachten, nur zuhören. Ich möchte, daß sie eins mit mir sind, praktizieren und atmen. Der Redner und die Zuhörer müssen eins werden, damit die richtige Wahrnehmung stattfinden kann. Nicht-Dualität heißt »nicht zwei«, aber »nicht zwei« heißt auch »nicht eins«. Deswegen sagen wir »nicht-dualistisch« statt eins. Denn wenn es eins gibt, gibt es zwei. Wenn du zwei vermeiden willst, mußt Du eins ebenso vermeiden.

In der Sattipatthana Sutta, dem grundlegenden Handbuch über Meditation aus der Zeit des Buddha, wird berichtet: »Der Praktizierende wird Körper im Körper, Gefühle in den Gefühlen, Geist im Geiste, Betrachtungsgegenstand im Betrachtungsgegenstand schauen müssen.« Die Worte sind klar. Die Wiederholung »Körper im Körper« soll nicht nur ihre Bedeutung davon unterstreichen. Den Körper im Körper zu schauen bedeutet, daß Du nicht außerhalb von etwas stehst, um es zu betrachten. Du mußt eins damit sein, ohne Abstand zwischen Betrachter und Betrachtetem. Körper im Körper zu schauen bedeutet, Du solltest nicht Deinen Körper als Objekt Deiner Betrachtung ansehen. Du mußt eins damit sein. Die Botschaft ist klar. Nicht-Dualität ist das Schlüsselwort für buddhistische Meditation.

*   *   *

Es ist nicht genug zu sitzen. Wir müssen zur selben Zeit *sein*. Sein — aber was? Um zu sein, mußt Du *etwas* sein, Du kannst nicht nichts sein. Um zu essen, mußt Du etwas essen, Du kannst nicht einfach Nichts essen. Gewahr zu sein bedeutet Gewahrsein von *etwas*. Ärgerlich zu sein bedeutet ärgerlich auf *etwas* zu sein. So ist zu sein, etwas zu sein und das etwas ist, was *geschieht:* in Deinem Körper, in Deinem Geist, in Deinen Gefühlen und in der Welt.

Während Du sitzt, sitzt Du und Du bist. Was bist Du? Du bist das Atmen. Nicht nur derjenige, der atmet, Du bist das Atmen und das Lächeln. Es ist wie ein Fernsehgerät mit einer Million Kanäle. Wenn Du Atmen einschaltest, bist Du das Atmen. Wenn du Ärger einschaltest, bist Du Ärger. Du bist eins damit. Ärger und Atmen sind nicht Dinge außerhalb von Dir. Du schaust sie in ihnen, weil Du eins mit ihnen bist.

Wenn ich ein Gefühl von Ärger habe, wie würde ich darüber meditieren? Wie würde ich damit umgehen als Buddhist und als intelligente Person? Ich würde nicht Ärger als etwas von mir Fremdes ansehen, gegen das ich kämpfen muß, das herausoperiert werden muß, damit es entfernt wird. Ich weiß, daß ich der Ärger bin und der Ärger ist ich. Nicht Dualität, nicht zwei. Ich muß meinen Ärger mit Sorgfalt, mit Liebe, mit Zärtlichkeit, mit Gewaltlosigkeit behandeln. Weil der Ärger ich ist, muß ich mich um meinen Ärger kümmern wie ich mich um einen jüngeren Bruder oder eine jüngere Schwester kümmern würde, mit Liebe, mit Sorgfalt, weil ich selbst Ärger bin, ich bin in ihm, ich bin er. Im Buddhismus sehen wir Ärger, Haß, Gier nicht als Feinde an, die wir zu bekämpfen, zu zerstören, zu vernichten haben. Wenn wir Ärger vernichten, vernichten wir uns selbst. So mit Ärger umzugehen, würde bedeuten, Dich in ein Schlachtfeld zu verwandeln, Dich in Teile zu zerreißen, wo ein Teil die Seite Buddhas und ein Teil die Seite Maras übernimmt. Wenn Du in dieser Weise kämpfst, tust Du Dir selbst Gewalt an. Wenn Du nicht mitfühlend mit Dir selbst sein kannst, wirst Du nicht fähig sein, mitfühlend mit anderen zu sein. Wenn wir ärgerlich werden, müssen wir uns bewußt werden: »Ich bin ärgerlich. Ärger ist in mir. Ich bin Ärger:« Das ist das erste, was zu tun ist.

Im Falle einer kleineren Gereiztheit wird die Erkenntnis von der Existenz der Gereiztheit, begleitet von einem Lächeln und einigen Atemzügen normalerweise genug sein, die Verärgerung in etwas Positiveres, wie Vergebung, Verständnis und Liebe zu verwandeln. Gereiztheit ist eine destruktive Energie. Wir können die Energie nicht zerstören; wir können sie nur in eine konstruktive Energie umwandeln. Vergebung ist eine konstruktive Energie. Verständnis ist eine konstruktive Energie. Stell Dir vor, Du bist in der Wüste und hast nur ein Glas modriges Wasser. Du mußt das modrige Wasser in klares Trinkwasser verwandeln. Du kannst es nicht einfach wegwerfen. Deswegen läßt Du es sich ein Weile setzen und das Wasser wird sich klären. Auf die gleiche Art müssen wir Ärger in eine Energieform umwandeln, die aufbauend ist, weil Du der Ärger bist. Ohne Ärger bleibt Dir nichts zurück. Das ist die Arbeit der Meditation.

Früher habe ich das Beispiel des großen Bruders erzählt, der ärgerlich auf seine Schwester wurde und dann herausfand, daß sie Fieber hatte und verstand und sich nun sorgte und versuchte, ihr zu helfen. So wird die destruktive Energie von Ärger durch Verstehen in die Energie der Liebe verwandelt. Meditation über Deinen Ärger bedeutet zunächst, seiner gewahr zu werden: »Ich bin der Ärger« und dann tief in die Natur des Ärgers zu schauen. Ärger wird aus Ignoranz geboren und ist ein starker Verbündeter der Ignoranz.

Wahrnehmungen sind Wahrnehmungen unseres Körpers, unserer Gefühle, unseres Geistes, der Natur und der Gesellschaft. Wir sollten eine gute Wahrnehmung der Eiche haben, um ihre Buddhanatur, ihre Funktion als Dharmalehrer zu sehen. Wir müssen unser politisches und ökonomisches System korrekt wahrnehmen, um zu sehen, was falsch läuft. Wahrnehmung ist sehr wichtig für unser Wohlbefinden, für unseren Frieden. Wahrnehmung sollte frei von Gefühlen und Ignoranz, frei von Illusionen sein.

Im Buddhismus wird Wissen als ein Hindernis zum Verstehen betrachtet. Wie ein Eisblock, der Wasser am Fließen hindert. Es heißt, daß wir die Tür nicht öffnen werden, wenn wir irgendetwas für wahr halten und daran festhalten, selbst wenn die Wahrheit in Person käme und an unsere Türe klopfte. Denn wir müssen bereit sein, unsere Sicht der Dinge aufzugeben, damit sie sich uns enthüllen.

Buddha hat dazu eine Geschichte erzählt. Ein junger Witwer, der seinen fünfjährigen Sohn sehr liebte, war auf einer Geschäftsreise. Banditen kamen, brannten das ganze Dorf nieder und nahmen seinen Sohn mit. Als der Mann wiederkam, sah er die Ruinen und geriet in Panik. Er hielt die verkohlte Leiche eines Kindes für sein eigenes und begann, seine Haare zu raufen und an seine Brust zu schlagen, während er unkontrolliert weinte. Er organisierte eine Einäscherungszeremonie, sammelte die Asche und füllte sie in einen wunderschönen Samtbeutel. Beim Arbeiten, Schlafen, Essen trug er immer den Beutel mit Asche bei sich.

Eines Tages konnte sein wahrer Sohn von den Räubern flüchten und seinen Weg nach Hause finden. Er erreichte die neue Hütte seines Vaters um Mitternacht und klopfte an die Tür. Ihr könnt Euch vorstellen, daß zu dieser Zeit der junge Vater noch immer den Beutel mit Asche bei sich trug und weinte. Er fragte: »Wer ist da?« Und das Kind antwor-

47

tete: »Ich bin's, Papa. Öffne die Tür, es ist Dein Sohn.« In seinem aufgewühlten Geisteszustand dachte der Mann, daß ein Spitzbube sich über ihn lustig machte, und er brüllte das Kind an, wegzugehen, und er weinte weiter. Der Junge klopfte wieder und wieder, aber der Vater weigerte sich, ihn einzulassen. Einige Zeit verstrich, und schließlich ging das Kind fort. Von da an sahen Vater und Sohn sich nicht wieder. Wenn der Buddha diese Geschichte erzählte, sagte er: »Manchmal nimmst Du irgendwo etwas als die Wahrheit an. Wenn Du daran zu sehr hängst, wirst Du die Tür nicht öffnen, selbst wenn die Wahrheit in Person kommt und an Deine Tür klopft.

Wissen zu hüten, ist kein gutes Mittel um zu verstehen. Verstehen heißt, Dein Wissen wegwerfen. Du mußt fähig sein, Dein Wissen so zu übersteigen, wie Leute eine Leiter hinaufsteigen. Wenn Du auf der fünften Stufe der Leiter bist und denkst, Du seist sehr hoch, gibt es keine Hoffnung, daß Du die sechste erklimmst. Die Kunst besteht darin, loszulassen. Die buddhistische Weise des Verstehens ist, immer Deine Ansichten und Dein Wissen aufzugeben, um darüber hinaus zu gehen. Das ist die wichtigste Lehre. Deswegen gebrauche ich das Bild von Wasser, wenn ich über Verstehen rede. Wissen ist fest; es blockiert den Weg des Verstehens. Wasser kann fließen, kann eindringen.

4

Meditation

Meditation bedeutet nicht, aus der Gesellschaft auszusteigen, der Gesellschaft zu entfliehen, sondern sich für einen Wiedereinstieg in die Gesellschaft vorzubereiten. Wir nennen das »engagierten Buddhismus«. Wenn wir zu einem Meditationszentrum gehen, mögen wir den Eindruck haben, daß wir alles hinter uns lassen — Familie, Gesellschaft und all die damit verbundenen Komplikationen — und als Individuen ankommen, um zu praktizieren und nach Frieden zu suchen. Schon das ist eine Illusion; denn im Buddhismus gibt es nicht so etwas wie ein Individuum.

So wie ein Stück Papier die Frucht, die Kombination von vielen Elementen ist, die Nicht-Papier-Elemente genannt werden können, ist das Individuum aus Nicht-Individuum-Elementen gemacht. Wenn Du ein Poet bist, wirst Du klar sehen, daß eine Wolke in diesem Stück Papier schwebt. Ohne Wolke gibt es kein Wasser; ohne Wasser können die Bäume nicht wachsen und ohne Bäume kannst Du kein Papier machen. So ist die Wolke darin enthalten. Die Existenz dieser Seite hängt ab von der Existenz einer Wolke. Papier und Wolke sind so nahe. Laß uns an andere Dinge denken, wie Sonnenschein. Sonnenschein ist sehr wichtig, weil der Wald nicht ohne Sonnenschein wachsen kann, und wir Menschen können ohne Sonne nicht wachsen. So braucht der Holzfäller Sonne, um den Baum zu fällen und der Baum braucht Sonne, um ein Baum zu sein. Deswegen kannst Du in diesem Stück Papier den Sonnenschein sehen. Und wenn Du tiefer schaust, mit den Augen eines Boddhisattva, mit den Augen jener, die erwacht sind, siehst Du nicht nur die Wolke und die Sonne darin, sondern daß alles hier ist: der Weizen, der zum Brot für den Holzfäller wurde, des Holzfällers Vater — alles ist in diesem Stück Papier.

Das »Avatamsaka Sutra« schildert uns, daß Du nicht eine Sache zeigen kannst, die nicht eine Verbindung zu diesem Stück Papier hat. Deswegen sagen wir: »Ein Stück Papier ist aus Nicht-Papier-Elementen hergestellt. Eine Wolke ist ein Nicht-Papier-Element. Der Wald ist ein Nicht-Papier-Element. Sonnenschein ist ein Nicht-Papier-Element. Das Papier ist in einem Ausmaß aus all den Nicht-Papier-Elementen hergestellt, daß es leer ist, wenn wir die Nicht-Papier-Elemente zu ihren Quellen zurückführen, die Wolke zum Himmel, den Sonnenschein zur Sonne, den Holzfäller zu seinem Vater. Leer wovon? Leer von einem separaten Selbst. Es wurde hergestellt von all den Nicht-Selbst-Elementen, Nicht-Papier-Elementen und wenn all diese Nicht-Papier-Elemente herausgenommen werden, ist es wirklich leer von einem unabhängigen Selbst. Leer in diesem Sinne meint, daß das Papier voll von allem ist, dem gesamten Kosmos. Die Präsenz dieses kleinen Stückes Papier beweist die Präsenz des gesamten Kosmos.

In der gleichen Weise ist das Individuum aus Nicht-Individuums-Elementen gemacht. Wie kannst Du erwarten, alles hinter Dir zu lassen, wenn Du in ein Meditationszentrum eintrittst? Die Art von Leiden, das Du in Deinem Herzen trägst, ist die Gesellschaft selbst. Du bringst es mit Dir, Du bringst die Gesellschaft mit Dir. Du bringst uns alle mit Dir. Wenn Du meditierst, ist das nicht nur für Dich selbst, Du tust es für die ganze Gesellschaft. Du suchst Lösungen für Deine Probleme, nicht nur für Dich, sondern für alle von uns.

Blätter werden gewöhnlich als die Kinder des Baumes angesehen. Ja, sie sind Kinder des Baumes, geboren aus dem Baum, aber sie sind auch Mütter des Baumes. Die Blätter vereinigen Saft, Wasser und Mineralien mit Sonne und Sauerstoff und verwandeln ihn in buntscheckigen Lebenssaft, der den Baum nähren kann. Auf diese Weise werden die Blätter die Mutter des Baumes. Wir sind alle Kinder der Gesellschaft, aber wir sind auch Mütter. Wir müssen die Gesellschaft nähren. Wenn wir von der Gesellschaft entwurzelt sind, können wir sie nicht in einen lebenswerteren Ort für uns und unsere Kinder verwandeln. Die Blätter sind dem Baum durch einen Stamm verbunden. Der Stamm ist sehr wichtig.

Ich habe in unserer Gemeinschaft viele Jahre hindurch den Garten bearbeitet, und ich weiß, daß es manchmal schwierig ist, Ableger zu verpflanzen. Manche Pflanzen lassen sich nicht leicht umsetzen, und wir benutzen eine Art pflanzliches Hormon, um ihnen zu helfen, leichter Wurzeln im Boden zu schlagen. Ich frage mich, ob es eine Art Pulver gibt, etwas das durch die Meditation gefunden werden kann, das entwurzelten Menschen helfen kann, sich wieder in der Gesellschaft zu verwurzeln. Meditation ist nicht eine Flucht von der Gesellschaft. Meditation bedeutet, sich selbst mit der Fähigkeit auszurüsten, sich in die Gesellschaft wieder zu integrieren, damit das Blatt den Baum wieder nähren kann.

In einigen Meditationszentren ist etwas geschehen. Eine Anzahl junger Leute fühlte sich krank vor Unbehagen an der Gesellschaft. Deshalb verließen sie diese, um zu einem Meditationszentrum zu kommen. Sie ignorierten die Tatsache, daß sie nicht als Individuen zu dem Meditationszentrum kamen. Wenn sie in einem Meditationszentrum zusammenkommen, bilden sie eine andere Art Gesellschaft. Als Gemeinschaft hat sie Probleme wie andere Gemeinschaften. Vor dem Eintritt in das Meditationszentrum hatten sie gehofft, sie würden durch die Meditation Frieden finden. Nun entdecken sie, während sie praktizieren und eine andere Art von Gemeinschaft bilden, daß diese sogar noch schwieriger ist als die große Gesellschaft. Sie setzt sich zusammen aus entfremdeten Menschen. Nach einigen Jahren fühlen sie sich frustriert, schlechter als vor ihrem Eintritt in das Meditationszentrum. Das liegt daran, daß wir Meditation mißverstehen, wir mißverstehen den Sinn von Meditation. Meditation ist für alle und nicht nur für die Person, die meditiert.

Es ist ganz normal, Kinder in ein Meditationszentrum zu bringen. In Plum Village praktizieren Kinder mit Erwachsenen. Von Zeit zu Zeit öffnen wir die Tore damit Gäste zu uns kommen und mit uns praktizieren können, auch zusammen mit ihren Kindern. Wir kümmern uns besonders um die Kinder. Wenn die Kinder glücklich sind, sind die Erwachsenen glücklich. Eines Tages hörte ich zufällig mit an, wie die Kinder einander erzählten: »Wie kommt es, daß unsere Eltern so nett sind?« Ich habe einen Freund, der seit vierzehn Jahren Meditation übte und nie seiner Tochter gezeigt hat, wie man meditiert. Du kannst nicht allein meditieren. Du mußt es mit Deinen Kindern tun. Wenn Deine Kinder nicht glücklich sind, nicht lächeln, kannst Du nicht lächeln. Wenn Du einen friedvollen Schritt machst, ist das für Dich, aber es ist auch für die Kinder und für die Welt.

Ich denke, daß unsere Gesellschaft ein schwieriger Ort zum Leben ist. Wenn wir nicht aufpassen, können wir entwurzelt werden und, einmal entwurzelt, können wir die

Gesellschaft nicht verändern, um sie lebenswerter zu machen. Meditation ist ein Weg, der uns hilft, in der Gesellschaft zu bleiben. Das ist sehr wichtig. Wir haben Menschen gesehen, die von der Gesellschaft entfremdet sind und nicht mehr in die Gesellschaft reintegriert werden können. Wir wissen, daß dies uns geschehen kann, wenn wir nicht sorgsam sind.

Ich habe erfahren, daß viele, die in Amerika Buddhismus praktizieren, jung und intellektuell sind und zum Buddhismus nicht durch die Tür des Glaubens, sondern durch die Tür der Psychologie gekommen sind. Ich weiß, daß Menschen in der westlichen Welt in großem Umfang psychisch leiden und deswegen werden viele Buddhisten. Sie meditieren, um psychologisches Probleme zu lösen. Viele sind noch in die Gesellschaft eingebunden, aber einige sind entwurzelt. Nachdem ich seit ziemlich langer Zeit in dieser Gesellschaft lebe, empfinde ich selbst, daß ich mit dieser Gesellschaft nicht sehr gut zurechtkomme. Es gibt soviel, was mich wünschen läßt, mich zurückzuziehen, zu mir selbst zurückzukehren. Aber mein Praktizieren hilft mir, in der Gesellschaft zu bleiben; denn mir ist bewußt, daß ich nicht in der Lage bin, die Gesellschaft zu ändern, wenn ich sie verlasse. Ich hoffe, daß diejenigen, die Buddhismus praktizieren, Fortschritte darin machen, ihre Füße auf der Erde zu behalten, in der Gesellschaft zu bleiben. Das ist unsere Hoffnung für Frieden.

*　　*　　*

Ich habe vor über 30 Jahren als ich 27 oder 28 Jahre alt war ein Gedicht geschrieben, über einen Bruder, der so sehr litt, daß er aus der Gesellschaft aussteigen und zu einem Meditationszentrum gehen mußte. Da der buddhistische Tempel ein Ort des Mitgefühls ist, hießen sie ihn dort willkommen. Wenn jemand so sehr leidet, wird ihm oder ihr zunächst eine gewisse Art von Trost gebracht, wenn er oder sie zu einem Meditationszentrum kommt. Die Leute im Tempel waren mitfühlend genug, ihn hereinkommen zu lassen, damit er einen Platz zum Weinen hätte. Wie lange, wie viele Tage, wie viele Jahre brauchte er zum Weinen? Wir wissen es nicht. Aber schließlich nahm er Zuflucht im Meditationszentrum und wollte nicht in die Gesellschaft zurückgehen. Er hatte genug von ihr. Er dachte, er habe etwas Frieden gefunden, aber eines Tages kam ich selbst daher, und brannte sein Meditationszentrum nieder. Es war nur eine kleine Hütte: sein letztes Obdach! Nach seinem Verständnis hatte er nichts mehr außerhalb dieses kleinen Häuschens. Er konnte nirgendwohin gehen, weil die Gesellschaft nicht die seine war. Er dachte, er sei gekommen, seine eigene Befreiung zu suchen, aber im Lichte des Buddhismus gibt es so etwas, wie das individuelle Selbst nicht. Wie wir wissen, bringst Du wenn Du in ein buddhistisches Zentrum gehst all die Narben, all die Wunden von der Gesellschaft und ebenso die der gesamten Gesellschaft mit Dir. In diesem Gedicht bin ich dieser junge Mann und ich bin auch die Person, die kam und die Hütte niederbrannte.

Ich werde sagen, daß ich alles will.
Wenn Du mich fragst, wieviel ich will,
werde ich Dir wieder sagen, daß ich alles will.
Du und ich und jedermann fließen an diesem Morgen
    ein in den wunderbaren Strom von Eins-Seins.
Kleine Teile von Imagination, die wir sind,
    sind wir einen langen Weg gegangen, uns selbst zu
    finden, und für uns selbst in der Dunkelheit
die Illusion von Befreiung.

Heute morgen ist mein Bruder von seinem langen
  Abenteuer zurück.
Er kniet vor dem Altar und seine Augen sind gefüllt
  mit Tränen.
Seine Seele schaut nach einer Küste aus,
  zu ankern,
so wie ich vor langer Zeit.
Laß ihn dort knien und weinen,
laß ihn sein Herz ausweinen.
Laß ihn für tausend Jahre seine Zuflucht haben.
Genug, um alle seine Tränen zu trocknen.

Denn in einer dieser Nächte werde ich kommen.
Ich muß kommen und diese seine kleine Hütte auf
  dem Hügel in Brand setzen.
Sein letztes Obdach.
Mein Feuer wird zerstören,
alles zerstören.
Von ihm nehmen den einzigen Rettungsfloß,
  den er nach dem Schiffbruch hat.
In der äußersten Not seiner Seele
wird die Schale brechen.
Das Licht der brennenden Hütte wird glorreich Zeuge
  seiner Befreiung sein.
Ich werde neben der brennenden Hütte auf ihn
  warten,
Tränen werden mir die Wangen herunterlaufen..
Ich werde da sein, seine neue Existenz zu schauen,
Und seine Hand in meiner halten,
Und ihn fragen, wieviel er wolle.
Er wird mich anlächeln und sagen, daß er alles wolle.
Gerade so wie ich.

Für mich ist ein Meditationszentrum ein Ort, wo Du zu Dir
selbst zurückkehrst. Du bekommst ein klareres Verständ-

nis der Wirklichkeit, Du bekommst mehr Festigkeit in Verstehen und Liebe und Du bereitest Dich für Deinen Wiedereintritt in die Gesellschaft vor. Wenn es nicht so ist, ist es nicht ein richtiges Meditationszentrum. Wenn wir wirkliches Verstehen entwickeln, können wir in die Gesellschaft wieder eintreten und einen wirklichen Beitrag leisten.

*   *   *

Wir haben viele Schubfächer in unserem Leben. Wenn wir meditieren, und wenn wir nicht meditieren, sind diese zwei Zeitperioden ganz verschieden voneinander. Während wir sitzen, praktizieren wir intensiv und während wir nicht sitzen, praktizieren wir nicht intensiv. Eigentlich üben wir intensiv das Nicht-Praktizieren. Es gibt eine Mauer, die beides trennt, Üben und Nicht-Üben. Praktizieren ist nur für die Übungsperiode und nicht praktizieren ist nur für die Nicht-Übungs-Periode. Wie können wir die beiden zusammenmixen? Wie können wir Meditation aus der Meditationshalle heraus und in die Küche und das Büro bringen? Wie kann das Sitzen die Zeit des Nicht-Sitzens beeinflussen? Wenn der Arzt Dir eine Spritze gibt, tut das nicht nur Deinem Arm, sondern Deinem ganzen Körper gut. Wenn Du eine Stunde täglich Sitzen praktizierst, sollte diese Stunde alle 24 Stunden sein und nicht nur für diese Stunde. Ein Lächeln, ein Atem sollte zum Wohl des ganzen Tages sein, nicht nur für diesen Moment. Wir müssen in einer Art und Weise praktizieren, welche die Schranke zwischen Praktizieren und Nicht-Praktizieren entfernt.

Wenn wir in der Meditationshalle gehen, setzen wir die Schritte sorgfältig, sehr langsam. Aber wenn wir zum Flughafen gehen, sind wir eine ziemlich andere Person. Wir gehen sehr anders, weniger achtsam. Wie können wir am Flughafen und auf dem Markt praktizieren? Das ist engagierter Buddhismus. Engagierter Buddhismus bedeutet nicht nur, Buddhismus zu benutzen, um soziale und politische Probleme zu lösen, gegen Bomben und soziale Ungerechtigkeit zu protestieren. Zu allererst müssen wir Buddhismus in unser tägliches Leben bringen. Ich habe eine Freundin die zwischen Telefonaten Atmen praktiziert, und es hilft ihr sehr. Ein anderer Freund praktiziert Geh-Meditation zwischen Geschäftsterminen, indem er achtsam zwischen den Gebäuden im Geschäftsviertel von Denver geht. Passanten lächeln ihm zu und seine Besprechungen stellen sich sogar mit schwierigen Personen oft als sehr angenehm heraus und sehr erfolgreich.

Wir sollten in der Lage sein, das Praktizieren aus der Meditationshalle in unser tägliches Leben zu bringen. Wie können wir üben, unsere Gefühle, unsere Wahrnehmungen im Alltag zu durchdringen? Wir haben es mit unseren Gefühlen und Wahrnehmungen nicht nur während des Sitzens zu tun. Wir haben damit die ganze Zeit zu tun. Wir müssen miteinander diskutieren, wie wir das tun. Praktizierst Du Atmen zwischen Telefonaten? Praktizierst Du Lächeln, während Du Möhren schneidest? Entspannst Du Dich nach Stunden harter Arbeit? Diese Fragen sind sehr praxisnah. Wenn Du weißt, wie Du Buddhismus zur Essenszeit, zur Schlafenszeit, während der Freizeit anwendest, wird, so meine ich, Buddhismus für Deinen Alltag sehr wichtig werden. Dann wird er eine gewaltige Wirkung auf soziale Beziehungen haben. Buddha, Dharma und Sangha werden dann Angelegenheiten des Alltags, zu jeder Minute, zu jeder Stunde unseres täglichen Lebens und nicht nur eine Bezeichnung für etwas weit Entferntes.

*   *   *

Unser Bewußtsein ist wie ein Strom mit vielen durchfließenden Gedanken und Gefühlen. Von Zeit zu Zeit ist es hilfreich, eine Gatha aufzusagen, einen kurzen Vers, der uns daran erinnert, was passiert. Wenn wir unseren Geist auf eine Gatha konzentrieren, ist in dem Moment der Gatha unser Geist. Der Gatha füllt für eine halbe Sekunde oder zehn Sekunden oder eine Minute unseren Geist, und dann mögen wir einen anderen Gatha haben, ein wenig weiter stromabwärts. Wenn ich eine schweigende Mahlzeit einnehme, zitiere ich für mich selbst einen Gatha und dann esse ich etwas. Wenn der Teller leer ist, zitiere ich einen anderen Gatha und trinke eine Tasse Tee. Stellt Euch eine intensive Übung von einer Stunde Sitz-Meditation und fünf Stunden Nicht-Sitzen, gefolgt von drei weiteren Stunden Sitzen vor. Was ist die Beziehung zwischen der Zeit des Praktizierens und des Nicht-Praktizierens, zwischen dem praktizierenden und dem nicht praktizierenden Geist? Sitzen ist wie ein Gatha, ein langer, stiller Gatha (vielleicht ist es nicht so still.) Mein Hauptinteresse gilt der Wirkung, welche der Gatha auf den Nicht-Gatha-Bewußtseinszustand hat.

Ein Autofahrer braucht von Zeit zu Zeit Verkehrsschilder, die ihm den Weg weisen. Schild und Straße sind eins; denn Du siehst das Schild nicht nur da, wo es erscheint. Du siehst es den ganzen Weg entlang bis zum nächsten Schild. Zwischen den Schildern und der Straße ist kein Unterschied. So sollte es sein, wenn wir Gathas und Sitzen praktizieren. Gathas helfen uns, zu uns selbst zurückzukommen und wenn der Gatha endet fahren wir weiter den Strom entlang. Wenn wir die Einheit von den Gathas und unserem übrigen Leben, zwischen den Schildern und der Straße, nicht lebendig werden lassen, haben wir in uns, was die Franzosen »cloisons etanches« nennen. Es bedeutet absolute Aufsplitterung ohne irgendeine Verbindung zwischen den Schubfächern. Nicht durchlässig. Zwischen dem Gatha- und dem nicht-Gatha-Zustand ist ein radikaler Unterschied, wie beim Sitzen und Nicht-Sitzen.

Wir können sich Gathas auf die Nicht-Gatha-Momente auswirken? Wie wird das Sitzen die Stunden des Nicht-Sitzens durchdringen? Wir müssen lernen, in einer Weise zu praktizieren, daß ein Gatha, daß eine Minute Sitzen den Rest des Tages beeinflußt. Jede Handlung, jeder Gedanke hat eine Wirkung. Selbst wenn ich nur in die Hände klatsche, ist die Wirkung überall, selbst in weit entfernten Galaxien. Jedes Sitzen, jedes Gehen, jedes Lächeln wird Auswirkungen auf Dein tägliches Leben haben und auf das Leben anderer ebenso. Darauf muß das Praktizieren aufbauen.

*   *   *

Wenn wir Sitz- und Geh-Meditation praktizieren, müssen wir die Qualität, nicht der Quantität des Sitzens und Gehens Aufmerksamkeit schenken. Wir müssen intelligent praktizieren. Wir müssen empfindungsreich bei der Suche nach der Art des Praktizierens sein, die zu unseren Lebensumständen paßt.

Es gibt eine Geschichte, die ich Euch gerne erzählen möchte, über eine Frau, welche die Anrufung von Buddha Amitabhas Namen praktiziert. Sie ist sehr streng und sie praktiziert die Invokation dreimal täglich, indem sie eine Holztrommel und eine Glocke nimmt und »Namo Amitabha Buddha« jedesmal eine Stunde lang ruft. Wenn sie tausendmal gerufen hat, lädt sie die Glocke ein, zu tönen (auf Vietnamesisch sagen wir nicht, eine Glocke »schlagen« oder »läuten«). Obwohl sie dieses seit zehn Jahren getan hat, hat sich ihre Persönlichkeit nicht verändert. Sie ist immer noch ziemlich gemein und beschimpft dauernd Leute.

Ein Freund wollte ihr eine Lektion erteilen. So kam er eines Tages, als sie gerade das Räucherstäbchen entzündete und die Glocke eingeladen hatte, dreimal zu klingen und anfing »Namo Amitabha Buddha« zu rufen, zu ihrer Tür und rief: »Mrs. Nguyen, Mrs. Nguyen!«. Sie fand das sehr ärgerlich; denn dieses war ihre Zeit des Praktizierens. Aber er stand genau an der Eingangstür und rief ihren Namen. Sie sagte sich: »Ich muß gegen meinen Ärger ankämpfen; darum will ich das ignorieren.« Und sie fuhr fort: »Namo Amitabha Buddha, Namo Abitabha Buddha.«

Der Herr rief weiter ihren Namen, und ihr Ärger wurde stärker und stärker. Sie kämpfte dagegen an und fragte sich »Sollte ich das Rufen unterbrechen und gehen und ihm ordentlich die Meinung sagen?«. Aber sie fuhr fort und kämpfte sehr hart. Feuer stieg in ihr auf, aber sie versuchte, immer noch zu rufen »Namo Amitabha Buddha«. Der Herr wußte das und rief weiterhin: »Mrs. Nguyen! Mrs. Nguyen!«

Sie konnte es nicht länger aushalten. Sie warf die Glocke und die Trommel weg und knallte die Tür, ging hinaus zur Tür und sagte: »Warum benehmen sie sich so? Warum rufen Sie meinen Namen Hunderte von Malen?« Der Herr lächelte sie an und sagte: »Ich habe Ihren Namen gerade zehn Minuten lang gerufen und Sie sind so ärgerlich. Sie haben Buddhas Namen zehn Jahre lang gerufen. Überlegen Sie einmal, wie ärgerlich er inzwischen sein muß.«

Das Problem besteht nicht darin, daß man viel tut, sondern, daß man es korrekt tut. Wenn Du es korrekt tust, wirst Du freundlicher, netter, verständnis- und liebevoller. Wenn wir Sitz- oder Gehmeditation praktizieren, sollten wir der Qualität, nicht der Quantität Aufmerksamkeit schenken. Wenn wir nur für die Quantität praktizieren, sind wir nicht sehr verschieden von Mrs. Nguyen. Ich denke, sie lernte ihre Lektion. Ich denke, sie tat es danach besser.

5

Friedensarbeit

Wir erhalten in Plum Village in Frankreich viele Briefe aus
den Flüchtlingslagern in Singapur, Malaysia, Indonesien,
Thailand und den Philippinen, Hunderte jede Woche. Es
tut sehr weh, sie zu lesen, aber wir müssen es tun, wir müssen in Kontakt sein. Wir versuchen unser Bestes zu helfen,
aber das Leid ist riesengroß und manchmal sind wir ent-
mutigt. Angeblich stirbt die Hälfte der boatpeople im
Meer; nur die Hälfte erreicht die Küsten in Südostasien.

Es gibt viele junge Mädchen, boat people, die von Seepiraten vergewaltigt werden. Obwohl die Vereinigten Natio-
nen und viele Länder versuchen, die Regierung von Thailand darin zu unterstützen, diese Art Piraterie zu verhindern, fügen Seepiraten den Flüchtlingen weiterhin viel
Leid zu. Eines Tages erhielten wir einen Brief, der uns von
einem jungen Mädchen berichtete, das auf einem kleinen
Boot von einem Thai-Piraten vergewaltigt worden war. Sie
war erst zwölf, und sie sprang ins Meer und brachte sich
um.

Wenn du zuerst so etwas erfährst, wirst Du ärgerlich auf
den Piraten. Du stellst Dich natürlich auf die Seite des
Mädchens. Wenn Du tiefer schaust, wirst Du es anders
sehn. Wenn Du Dich auf die Seite des Mädchen stellst, ist
es einfach. Du brauchst nur ein Gewehr nehmen und den

Piraten erschießen. Aber das können wir nicht tun. Ich habe in meiner Meditation gesehen, daß ich selber der Pirat wäre, wäre ich in dem Dorf des Piraten geboren und unter denselben Bedingungen wie er aufgewachsen. Es ist sehr wahrscheinlich, daß ich Pirat geworden wäre. Ich kann mich selbst nicht so einfach verdammen. In meiner Meditation habe ich gesehen, daß viele Kinder, Hunderte am Tag, entlang dem Golf von Siam geboren werden. Und wenn wir Erzieher, Sozialarbeiter, Politiker und andere nichts an der Situation ändern, werden in 25 Jahren eine Reihe von ihnen Seepiraten werden. Das ist gewiß. Wenn Du oder ich heute in diesen Fischerdörfern geboren würden, würden wir möglicherweise in 25 Jahren Seepiraten. Wenn Du ein Gewehr nimmst und den Piraten erschießt, erschießt Du uns alle; denn wir alle sind in gewissem Umfang für diesen Zustand verantwortlich.

Nach einer langen Meditation habe ich dieses Gedicht geschrieben. Darin gibt es drei Leute: das zwölfjährige Mädchen, den Piraten und mich. Können wir uns ansehen und uns im Anderen erkennen? Der Titel des Gedichts heißt: »Bitte rufe mich doch bei meinem wahren Namen«, weil ich so viele Namen habe. Wenn ich einen dieser Namen höre, muß ich »ja« sagen.

Sag nicht, daß ich morgen scheide
denn ich bin noch gar nicht ganz da

Schau: Jede Sekunde komme ich an, um
zu werden die Knospe am Frühlingszweig
ein kleiner Vogel mit Flügeln, die noch nicht tragen
im neuen Nest lern ich gerade erst singen
ein Käfer im Herzen der Blume
und ein Juwel, verborgen im Stein.

Ich komme gerade erst an mit Lachen und Weinen
mit Furcht und mit Hoffnung
der Schlag meines Herzens ist die Geburt und
der Tod von allem, was lebt.

Ich bin die Eintagsfliege, die vielgestaltig schillert
auf der Oberfläche des Flusses,
Bin auch der Vogel, der im Frühling gerade noch
rechtzeitig kommt, die Fliege zu schnappen.

Ich bin der Frosch, der ganz zufrieden
im klaren Wasser des Teichs hin- und herschwimmt
und bin die Schlange, die
geräuschlos sich nähernd
vom Froschfraß lebt.

Ich bin das Kind aus Uganda, nur Haut und Knochen
mit Beinen so dünn wie Stöcke aus Bambus
und ich bin der Kaufmann, der tödliche Waffen
nach Uganda verkauft.

Ich bin das zwölfjährige Mädchen,
Flüchtling in einem kleinen Boot,
das sich in den Ozean wirft,
nachdem es von einem Seepiraten vergewaltigt wurde,
und ich bin der Pirat, mein Herz ist noch nicht fähig,
zu sehen und zu lieben.

Ich bin ein Mitglied des Politbüros mit
reichlich Macht in meinen Händen,
und ich bin der Mann, der seine
»Blutschuld« an sein Volk zu zahlen hat,
langsam sterbend in einem Arbeitslager.

Meine Freude ist wie der Frühling, so warm,
daß sie die Blumen in allen Lebensformen erblühen
  läßt.

Mein Schmerz ist wie ein Fluß von Tränen, so voll,
daß er die vier Meere füllt.

Bitte rufe mich bei meinen wahren Namen,
damit ich all meine Schreie und mein Lachen
zur selben Zeit hören kann,
damit ich sehen kann,
daß meine Freude und mein Schmerz eins sind.

Bitte rufe mich bei meinen wahren Namen,
damit ich aufwachen kann,
und das Tor meines Herzens offenbleiben kann,
das Tor des Mitgefühls.

Es gibt eine Zen-Erzählung über einen Mann, der in sehr schnellem Galopp reitet. Ein anderer Mann, der an der Straße steht, ruft ihm zu: »Wohin reitest Du?« Und der Reiter ruft zurück: »Ich weiß nicht. Frag das Pferd?« Ich glaube, das ist unsere Situation. Wir reiten viele Pferde, die wir nicht kontrollieren können. Die zunehmende Aufrüstung ist zum Beispiel ein Pferd. Wir haben unser Bestes versucht, aber wir können diese Pferde nicht kontrollieren. Wir sind so beschäftigt.

Im Buddhismus ist der wichtigste Grundsatz, bewußt zu leben, zu wissen, was geschieht. Zu wissen, was geschieht, nicht nur hier, sondern auch dort. Wenn Du beispielsweise ein Stück Brot ißt, magst Du Dir klarwerden, daß unsere Bauern für den Weizen ein wenig zuviel giftige Chemikalien benutzen. Indem wir das Brot essen, sind wir in irgendeiner Weise mitverantwortlich für die Zerstörung der Umwelt. Wenn wir ein Stück Fleisch essen oder Alkohol trinken, können wir das Bewußtsein dafür entwickeln, daß in der Dritten Welt täglich 40.000 Kinder verhungern und daß wir eine Menge Korn verbrauchen, um ein Stück Fleisch oder eine Flasche Alkohol zu produzieren. Eine Schale Getreide zu essen mag dem Leiden in der Welt eher

Rechnung tragen als ein Stück Fleisch. Ein Wirtschafts-
fachmann in Frankreich hat mir erzählt, daß es ausreichen
würde, 50 % weniger Fleisch zu essen und Alkohol zu trinken, um die Situation in der Welt zu verändern. Nur 50 %
weniger.

Täglich tun wir etwas, sind wir etwas, was mit Frieden zu
tun hat. Wenn wir unseres Lebensstiles, unserer Konsum-
gewohnheiten, unserer Betrachtungsweisen bewußt sind,
werden wir wissen, wie wir in jedem Augenblick, den wir
leben, Frieden machen können. Wenn wir die Sonntagszei-
tung aufnehmen, können wir uns beispielsweise darüber
im klaren sein, daß es sich um eine sehr schwere, drei oder
vier Pfund schwere Ausgabe handelt. Vielleicht ist ein gan-
zer Wald nötig, um solch eine Zeitung zu drucken. Wenn
wir zur Zeitung greifen, sollten wir uns das klar machen.
Wenn wir sehr bewußt sind, können wir etwas tun, den
Lauf der Dinge zu ändern.

*   *   *

In meinem Tempel war ich der erste Mönch, der Fahrrad
fuhr. Zu dieser Zeit gab es keine Gathas, die Du beim Fahr-
radfahren rezitieren konntest. Wir müssen intelligent praktizieren, um auf dem laufenden zu sein. Deswegen habe ich
neulich einen Gatha geschrieben, das Du benutzen kannst,
bevor Du Dein Auto startest. Ich hoffe, Du kannst etwas
damit anfangen:

Bevor ich das Auto anlasse,
weiß ich, wohin ich fahre.
Das Auto und ich sind eins.
Wenn das Auto schnell fährt, fahre ich schnell.

Manchmal ist es nicht wirklich nötig, das Auto zu nehmen. Aber weil wir von uns selbst weg möchten, gehen wir hinunter und lassen das Auto an. Es kann wie ein Blitzschlag sein, wenn wir den Gatha rezitieren: »Bevor ich das Auto anlasse, weiß ich, wohin ich fahre«. Vielleicht erkennen wir, daß wir nirgendwohin zu fahren brauchen. Wohin wir auch gehen, werden wir uns selbst dabei haben. Wir können uns selbst nicht entfliehen. Manchmal ist es besser, den Motor abzuschalten und zu einer Geh-Meditation hinauszugehen. Das kann viel angenehmer sein.

Angeblich sind in den letzten Jahren zwei Millionen Quadrat-Meilen Waldgebiet durch sauren Regen zerstört worden, teilweise wegen unserer Autos. »Bevor ich das Auto anlasse, weiß ich, wohin ich fahre«, enthält eine sehr tiefe Frage. »Wohin werde ich fahren? Zu meiner eigenen Vernichtung?« Wenn die Bäume sterben, werden die Menschen ebenfalls sterben. Wenn Bäume und Tiere nicht leben, wie können wir leben?

»Das Auto und ich sind eins.« Wir haben den Eindruck, als seien wir der Boss und das Auto nur ein Instrument. Aber das ist nicht wahr. Mit dem Auto werden wir zu etwas anderem. Mit einem Gewehr werden wir sehr gefährlich. Mit einer Flöte werden wir angenehm. Mit 50 000 Atombomben ist die Menschheit zur gefährlichsten Spezies auf Erden geworden. Wir waren nie so gefährlich wie jetzt. Wir sollten aufpassen. Die grundlegendste Verhaltensregel ist, daß wir aufmerksam sein müssen, was wir tun und was wir sind, in jeder Minute. Jede andere Regel wird dieser folgen.

*   *   *

Wir müssen die Dinge von innen betrachten, um sehen zu können. Wenn ein Schwimmer das klare Wasser des Flusses genießt, sollte er oder sie auch fähig sein, der Fluß zu *sein*. Eines Tages war ich zum Mittagessen mit einigen Freunden an der Universität von Boston. Ich schaute zum Charles River hinunter. Ich war seit ziemlich langer Zeit von zu Hause weg und fand es sehr schön, den Fluß zu sehen. Deswegen ging ich von meinen Freunden fort hinunter zum Fluß, um mein Gesicht zu waschen und meine Füße im Wasser einzutauchen, wie wir es immer in unserem Lande taten. Als ich zurückkam, sagte ein Professor: »Das ist eine sehr gefährliche Sache. Haben Sie Ihren Mund in dem Fluß ausgespült?« Als ich »ja« antwortete, sagte er: »Sie sollten zum Arzt gehen und sich eine Spritze geben lassen.«

Ich war schockiert. Ich wußte nicht, daß die Flüsse hier so verschmutzt sind. Du kannst sie tote Flüsse nennen. In unserem Land werden die Flüsse manchmal sehr trübe, aber es ist nicht diese Art von Verschmutzung. Jemand hat mir erzählt, im Rhein seien so viele Chemikalien, daß es möglich wäre, darin Filme zu entwickeln. Wir können gute Schwimmer sein, aber können wir der Fluß sein und die Ängste und Hoffnungen eines Flusses erleben? Wenn nicht, dann können wir nicht erwarten, Frieden zu finden. Wenn alle Flüsse tot sind, wird die Freude am Schwimmen im Fluß nicht mehr existieren.

Wenn Du ein Bergsteiger bist oder jemand, der das Land oder den grünen Wald liebt, weißt Du, daß die Wälder unsere Lungen außerhalb unserer Körper sind. Und doch haben wir in einer Weise gehandelt, die 2 Millionen Quadratmeilen Wald durch sauren Regen zerstört hat. Wir sind alle eingekerkert in unser kleines Selbst, denken nur an die Annehmlichkeiten für dieses kleine Selbst, während wir unser größeres Selbst zerstören. Eines Tages habe ich plötzlich gesehen, daß die Sonne mein Herz ist, mein Herz außerhalb dieses Körpers. Wenn das Herz meines Körpers nicht mehr funktioniert, kann ich nicht überleben. Aber wenn die Sonne, mein anderes Herz, aufhört tätig zu sein, werde ich ebenfalls sofort sterben. Wir sollten in der Lage sein, unser wahres Selbst zu sein. Das bedeutet, wir sollten in der Lage sein, der Fluß, der Wald, ein Sowjetbürger zu sein. Das müssen wir tun, um zu verstehen und Hoffnung für die Zukunft zu haben. Das ist die Nicht-dualistische Weise des Sehens.

*   *   *

Während des Vietnam-Krieges haben wir jungen Buddhisten uns selbst organisiert, um den Kriegsopfern zu helfen, ihre Dörfer, die von den Bomben zerstört waren, wieder aufzubauen. Viele von uns starben in diesem Dienst, nicht nur wegen der Bomben und Kugeln, sondern auch wegen der Leute, die uns verdächtigten, auf der anderen Seite zu sein. Wir konnten die Leiden beider Seiten sehen, der Kommunisten und der Antikommunisten. Wir versuchten, für beide offen zu sein, diese Seite und jene Seite zu verstehen, eins mit ihnen zu sein. Aus diesem Grunde haben wir keine Partei ergriffen, selbst wenn die ganze Welt Partei ergriff. Wir versuchten, den Menschen unsere Sicht der Situation klarzumachen: daß wir die Kämpfe beenden wollten. Aber die Bomben waren so laut. Manchmal mußten wir uns selbst verbrennen, um die Botschaft herüberzubringen, aber selbst da konnte uns die Welt nicht hören. Sie meinten, wir unterstützten irgendeinen politischen Kraft-Akt. Sie erkannten nicht, daß es sich um eine rein humanitäre Aktion handelte. gehört und verstanden zu werden. Wir woll-

70

ten Versöhnung, nicht Sieg. In einer solchen Situation ist es sehr gefährlich, Leuten zu helfen, und viele von uns wurden getötet. Die Kommunisten töteten uns, weil sie uns verdächtigten, mit den Amerikanern zusammenzuarbeiten, und die Antikommunisten töteten uns, weil sie dachten, wir wären auf der Seite der Kommunisten. Aber wir wollten nicht aufgeben und auf einer Seite sein.

Die Welt ist noch immer so. Die Menschen identifizieren sich vollständig mit einer Seite, einer Ideologie. Um das Leiden und die Furcht eines Bürgers der Sowjetunion zu verstehen, müssen wir eins mit ihm oder ihr werden. Das ist gefährlich — wir werden bei beiden Seiten in Verdacht geraten. Aber wenn wir das nicht tun, wenn wir uns der einen oder anderen Seite anschließen, werden wir unsere Chance versäumen, für den Frieden zu arbeiten, Aussöhnung bedeutet, beide Seiten zu verstehen, zu einer Seite zu gehen und die Leiden der anderen Seite zu beschreiben und dann zu der anderen Seite zu gehen und die Leiden der einen Seite zu beschreiben. Allein das zu tun, wird eine große Hilfe für den Frieden sein.

Während einer Einkehrtagung im Providence Zen Center habe ich jemanden gebeten, sich als Schwimmer in einem Fluß auszudrücken, und nach 15 Minuten, sich als der Fluß darzustellen. Er mußte zum Fluß werden, um sich in der Sprache und den Gefühlen des Flusses ausdrücken zu können. Danach wurde eine Frau, die in der Sowjetunion gewesen war, aufgefordert, sich als Amerikanerin auszudrücken und nach einigen Atem- und Meditationsübungen, als Sowjetbürgerin, mit all ihren Ängsten und ihrer Hoffnung auf Frieden. Sie tat das wundervoll. Das sind Meditationsübungen zur Nicht-Dualität.

Die jungen Buddhisten in Vietnam versuchten, diese Art der Meditation zu leben. Viele von ihnen starben bei ihrem Dienst. Ich habe ein Gedicht für meine jungen Brüder und

Schwestern geschrieben, über die Weise, gewaltlos und ohne Haß zu zu sterben.

Es heißt: Empfehlung:

Versprich mir,
versprich mir heute,
während die Sonne steil am Himmel steht:
wenn Sie Dich niederwerfen
mit einem Berg aus Haß und Gewalt,
vergiß nicht, Bruder:
Der Mensch ist nicht unser Feind.

Dein Erbarmen mag gerecht sein
gerecht auch Dein Haß,
unerschütterlich und grenzenlos —
Haß wird Dir nicht helfen,
der Bestie im Menschen standzuhalten.
Aber eines Tages, wenn Du dieser
Bestie gegenübertrittst, allein,
mit unversehrtem Mut,
mit freundlichem Blick,
wird aus Deinem Lächeln heraus
eine Blume erblühn
und diejenigen, die Dich lieben,
werden auf Dich schauen
über 10.000 Welten von Tod und Geburt hinweg.

Wieder allein
geh ich mit gebeugtem Haupt;
doch um die Unsterblichkeit der Liebe werde ich
  wissen.
Und auf dem langen, rauhen Weg
werden beide scheinen, Sonne und Mond,
und meinen Weg erleuchten.

Meditation praktizieren, bedeutet, um die Existenz von Leiden zu wissen. Die erste Dharma-Rede, die Buddha hielt, handelte vom Leiden und dem Weg aus dem Leiden heraus. In Südafrika leiden die Schwarzen gewaltig, aber die Weißen leiden auch. Wenn wir uns auf eine Seite stellen, können wir unsere Aufgabe der Versöhnung nicht erfüllen, um Frieden herbeizuführen.

Gibt es Leute, die mit beiden Seiten, der schwarzen und der weißen Gemeinschaft in Südafrika, Kontakt haben können? Wenn es davon nicht viele gibt, ist die Lage sehr schlecht. Es muß Leute geben, die mit beiden Seiten Kontakt haben und die Leiden jeder Seite verstehen und jeder Seite von der anderen erzählen. Gibt es Menschen, die diese Art von Vermittlung und Aussöhnung zwischen den beiden großen politischen Blöcken auf der Erde tun? Könnt Ihr mehr sein als Amerikaner? Könnt Ihr Menschen sein, die tief das Leiden beider Seiten verstehen? Könnt Ihr die Botschaft der Aussöhnung bringen?

*   *   *

Ihr seid Euch vielleicht nicht bewußt, daß Euer Land (die USA, d. Übersetzerin) viele konventionelle Waffen hergestellt hat, um sie an Dritte-Welt-Länder zu verkaufen, wo die Völker sich gegenseitig damit umbringen. Ihr wißt genau, daß die Kinder und Erwachsenen in diesen Ländern Nahrungsmittel mehr brauchen als tödliche Waffen. Aber niemand hat Zeit, eine öffentliche Debatte über das Problem der Herstellung und des Verkaufs dieser tödlichen Gegenstände einzuleiten. Jeder ist zu beschäftigt. Konventionelle Waffen haben in den letzten 30, 40, 50 Jahren sehr viele Menschen getötet. Wir unterliegen einem Irrtum, wenn wir nur an die Atombombe denken, die demnächst explodieren wird, und unsere Aufmerksamkeit nicht auf die Bomben richten, die derzeit explodieren. Ich glaube, Präsident Reagan sagte, die USA müßten weiterhin konventionelle Waffen produzieren und verkaufen, weil andernfalls ein anderes Land es tun werde und die USA ihre wirtschaftliche Verbindung verlieren würden. Das zu sagen, ist nicht gut. Es liegt neben der Sache. Dieses Statement ist nichts als eine Ausrede; jedoch gibt es reale Faktoren, die ihn und die ganze Nation drängen, weiterhin konventionelle Waffen zum Verkauf zu produzieren. Zum Beispiel werden viele Menschen ihre Arbeit verlieren, wenn sie aufhören. Haben wir über die Art der Arbeit nachgedacht, die diesen Menschen helfen wird, wenn die Waffenindustrie aufhört zu produzieren?

Nicht viele Amerikaner machen sich klar, daß diese Waffen jeden Tag Menschen in der Dritten Welt töten. Der Kongreß hat diese Angelegenheit nie ernsthaft diskutiert. Wir haben uns nicht die Zeit genommen, diese Situation klar zu sehen. Deswegen waren wir nicht in der Lage, die Politik unserer Regierung zu ändern. Wir sind nicht stark genug, Druck auf die Regierung auszuüben. Die Außenpolitik einer Regierung wird in großem Ausmaß vom Volk und seiner Lebenseinstellung bestimmt. Als Staatsbürger haben wir eine große Verantwortung. Wir denken, daß die Regierung frei in ihrer Politik ist, aber diese Freiheit ist von unserem täglichen Leben abhängig. Wenn wir es ihr ermöglichen, ihre Grundsätze zu ändern, wird sie es tun. Ihr mögt denken, daß Ihr tun könntet, was Ihr wollt, wenn Ihr an der Regierungsmacht seid, aber das ist nicht wahr. Wenn Du Präsident wirst, wirst Du mit dieser harten Wahrheit konfrontiert. Du wirst vermutlich genau dasselbe machen, ein bißchen besser oder ein bißchen schlechter.

Deswegen müssen wir die Wahrheit sehen, wie sie wirklich ist und die Wirklichkeit anschauen. Unser Alltagsleben, was wir essen und trinken, hat mit der politischen Lage zu tun. Meditation bedeutet, tief in die Dinge hineinzuschauen, zu sehen, wie wir unsere Situation ändern und transformieren können. Unsere Situation zu transformieren bedeutet auch, unser Bewußtsein zu transformieren. Unser Bewußtsein zu transformieren bedeutet auch, unsere Situation zu transformieren, denn die Situation ist Bewußtsein und Bewußtsein ist die Situation. Es ist wichtig, daß wir erwachen. Die Natur der Bombe, die Natur des Unrechts, die Natur der Waffen und die Natur unseres eigenen Wesens sind gleich. Das ist die wahre Bedeutung von engagiertem Buddhismus.

*   *   *

In den letzten 2.500 Jahren hat sich in den buddhistischen Klöstern ein System von sieben Übungen zur Versöhnung entwickelt. Obwohl diese Techniken entwickelt wurden, um Streit innerhalb des Kreises der Mönche zu schlichten, könnten sie vielleicht auch in unseren Hausgemeinschaften und in unserer Gesellschaft von Nutzen sein.

Die erste Übung ist Gegenübersitzen. Die ganze Gemeinschaft versammelt sich, atmet tief und lächelt, bereit zu helfen und nicht mit dem Willen zu kämpfen. Das ist die Grundlage. Die beiden streitenden Mönche sind anwesend und wissen, daß jeder in der Gemeinschaft von ihnen erwartet, daß sie Frieden schließen. Schon bevor jemand spricht, herrscht die Atmosphäre des Friedens. Es wird unterlassen, Gerüchten außerhalb der Versammlung zuzuhören, Neuigkeiten über diesen oder jenen Mönch zu verbreiten oder das Verhalten dieses oder jenes Mönches zu kommentieren. Das würde nicht weiterhelfen. Alles muß in der Öffentlichkeit, in der Gemeinschaft gesagt werden. So sitzen sich die beiden Mönche gegenüber, atmend und, wie schwer es auch fällt, lächelnd.

Die zweite Übung ist Erinnerung. Beide Mönche versuchen, die ganze Geschichte des Konflikts, jedes Detail, das damit in Zusammenhang steht, zu erinnern, während die gesamte Versammlung nur geduldig dasitzt und zuhört. »Ich erinnere mich, daß es an dem Tag geregnet hat. Und ich ging in die Küche und Du warst da . . .« Es wird soviel erzählt wie erinnert werden kann. Das ist sehr wichtig, weil die Mönche versuchen, Angelegenheiten der Vergangenheit zu flicken. Der Grundsatz des Lebens im Sangha ist, jeden Tag bewußt über das zu sein, was vor sich geht: Wenn Du Dir dessen nicht bewußt bist, werden die Dinge eines Tages explodieren, und es wird zu spät sein. Wenn die Gemeinschaft sich versammelt und da zwei Mönche in Konfrontation sind, ist der Konflikt schon explodiert. Soweit es die Vergangenheit betrifft, ist nichts mehr zu tun, als zu sitzen und zu versuchen, die Dinge zu erinnern.

Nehmt an, eine Frau und ein Mann heiraten und leben dann nachlässig miteinander und wissen nicht, was unbewußt wirklich vor sich geht. Ihre Gefühle und Vorstellungen schaffen eine gefährliche Situation. Manchmal geschieht etwas unter der Oberfläche, was vielleicht zur Explosion führt, und dann ist es zu spät, damit umzugehen. So ist die Scheidung, der Kampf oder sogar der Mord die einzige Rettung. Zu meditieren bedeutet, bewußt zu sein was in Dir, Deinen Gefühlen, Deinem Körper, Deinen Vorstellungen, Deiner Familie vor sich geht. Das ist für jede

76

Art des Lebens sehr wichtig. Die zweite Technik ist, zu erinnern, und je mehr Einzelheiten die Gemeinschaft kennt, umso einfacher ist es zu helfen.

Das dritte Prinzip ist, nicht trotzig zu sein. Alle aus der Gemeinschaft erwarten, daß die beiden Mönche nicht störrisch sind, sondern ihr Bestes versuchen, sich zu versöhnen. Das Resultat ist nicht so wichtig. Es ist das Wichtigste, daß jeder Mönch sein Bestes tut, seine Bereitschaft zu Versöhnung und Verständnis zu zeigen. Wenn Du Dein Bestes tust, Dein Bestes bist in dem Versuch zu verstehen und anzunehmen, brauchst Du Dich um das Resultat nicht zu sorgen. Du tust Dein Bestes und das ist genug. Die andere Person wird ihr Bestes tun. Sehr wichtig ist die Atmosphäre der Versammlung. Die zwei Mönche wissen, daß sie sich gut benehmen müssen oder nicht mehr als Brüder anerkannt werden; denn alle haben hohe Erwartungen an sie.

Die vierte Praktik besteht darin, Schlamm mit Stroh zu bedecken. Du weißt, daß es auf dem Lande nach einem Regen sehr schlammig ist. Wenn Du Stroh über dem Schlamm ausbreiten kannst, kannst Du sicher darübergehen. Ein angesehener älterer Mönch ist dazu bestimmt, jede Seite des Konfliktes zu repräsentieren. Diese beiden Mönche wenden sich dann an die Versammlung und versuchen, etwas zu sagen, was die Gefühle der Betroffenen beruhigt. In einem buddhistischen Sangha werden die hohen Mönche sehr respektiert. Wir nennen sie Lehrer der Linie, sie brauchen nicht sehr viel zu sagen. Alles, was sie sagen, wird von dem Rest der Gemeinschaft sehr ernst genommen. Der eine sagt etwas, was diesen Mönch betrifft, und das wird den anderen Mönch veranlassen, besser zu verstehen und seine Gefühle, seinen Ärger oder seinen Widerstand herabzuschrauben. Dann sagt der andere hohe

Mönch etwas, was den anderen Mönch schützt. Er sagt es in einer Weise, die dazu führt, daß der erste Mönch sich besser fühlt. Sie lösen dadurch die harten Gefühle in den Herzen der beiden Mönche und helfen ihnen, den von der Gemeinschaft vorgeschlagenen Urteilsspruch zu akzeptieren. Stroh auf den Schlamm legen — der Schlamm ist der Streit und das Stroh die Barmherzigkeit des Dharma.

Die nächste Stufe ist das Selbstbekenntnis. Jeder Mönche gesteht seine eigenen Fehler ein, ohne daß er darauf wartet, daß die anderen sie sagen. Wenn die anderen sie sagen, empfindest Du es anders. Es ist wundervoll, wenn Du sie selbst sagst. Zunächst gestehst Du eine kleinere Schwäche ein. Du hast möglicherweise eine große Schwäche, aber zunächst redest Du nur von einem kleinen Verstoß. (In all dem ist eine Kunst.) Wenn Du ein Geständnis machst, sagst Du vielleicht: »Eines Tages war ich nicht sehr aufmerksam. Ich habe dies und das gesagt. Das ist schrecklich. Es tut mir leid.« Obwohl es ein sehr geringes Eingeständnis ist, hilft es der anderen Person, sich besser zu fühlen. Es ermutigt sie, etwas von derselben Größenordnung einzugestehen. (Stellt Euch vor, die Sowjetunion und die Vereinigten Staaten würden versuchen, langsam die kleinen Dinge zu deeskalieren.)

Diese Atmosphäre ist ermutigend. Jeder hilft tragen und erwartet, daß ein Abbau der Spannungen eintritt. Es wird möglich, daß bei jedem Mönch die Buddha-Natur herauskommt und der Druck des Ärgers oder des Grolls abnehmen wird. In dieser Atmosphäre wird die Fähigkeit eines reifen Verstehens und Annehmens geboren. Dann werden die Senior-Mönche die streitenden Mönche erinnern: »Zu allererst seid Ihr Teil der Gemeinschaft. Das Wohlergehen der Gemeinschaft ist das Wichtigste. Denkt nicht nur an Eure eigenen Gefühle. Denkt an das Wohlergehen der

Gemeinschaft.« Dann wird jeder Mönch bereit sein, ein Opfer zu bringen und sich darauf einstellen, den Urteilsspruch oder die Entscheidung der Gemeinschaft anzunehmen.

Die sechste und siebte Übung sind die einverständliche Entscheidung und das Annehmen des Urteilsspruchs. Es steht im Voraus fest, daß die beiden Mönche jedes Urteil, das von der gesamten Gemeinschaft gesprochen wird, annehmen werden, oder sie müssen die Gemeinschaft verlassen. So verkündet ein Kollegium ein Urteil, nachdem es jede Einzelheit des Konflikts untersucht und das Höchstmaß an Bemühungen und Aussöhnung wahrgenommen hat. Es wird drei Mal angekündigt. Das Haupt der Versammlung verliest die Entscheidung folgendermaßen: »Nach Meditation, Untersuchung und Diskussion, nachdem alle Anstrengungen gemacht wurden, wird vorgeschlagen, daß dieser Mönch dieses und jener Mönch jenes tut. Dieses sollte in dieser Weise und jenes in jener Weise in Ordnung gebracht werden. Nimmt die Versammlung der Mönche den Urteilsspruch an?« Wenn die Gemeinschaft schweigt, bedeutet es »Okay«. Dann wiederholt er genau die gleichen Worte. »Nimmt die edle Versammlung diesen Urteilsspruch an?« Schweigen. Und ein drittes Mal: Nimmt die Versammlung diesen Urteilsspruch an?« Nach einem dritten Mal Schweigen verkündet er: »Die edle Versammlung von Mönchen und Nonnen hat den Urteilsspruch angenommen. Ich bitte beide Parteien, die Entscheidung auszuführen.« Es kann viele Sitzungen geben, um einen Fall zu lösen. Wenn einer der Mönche gegen das Urteil rebelliert, spielt das keine Rolle; denn er hat schon zugestimmt, jedem Urteil der Versammlung Folge zu leisten.

Diese sieben Methoden zum Schlichten eines Streites

werden von buddhistischen Mönchen und Nonnen in Indien, China, Vietnam, Japan, Korea und vielen anderen Ländern seit mehr als 2.500 Jahren angewandt. Ich meine, wir können davon etwas lernen, um es in unserem eigenen Haushalt und in unserer Gesellschaft anzuwenden.

*　　*　　*

In der Friedensbewegung gibt es eine Menge Ärger, Frustration und Mißverständnis. Die Friedenbewegung kann sehr gute Protestbriefe schreiben, aber sie ist noch nicht fähig, einen Liebesbrief zu schreiben. Wir müssen lernen, einen Brief an den Kongreß oder an den Präsidenten der Vereinigten Staaten zu schreiben, den sie dort lesen wollen und nicht sofort wegwerfen. Die Art und Weise, wie wir sprechen, die Art des Verständnisses, die Sprache, die wir gebrauchen, sollte Menschen nicht abschrecken. Der Präsident ist ein Mensch wie jeder von uns.

Kann die Friedensbewegung in einer liebevollen Sprache reden und den Weg zum Frieden aufzeigen? Ich meine, das wird davon abhängen, ob die Menschen in der Friedensbewegung Frieden sein können. Denn ohne Frieden zu sein, können wir gar nichts für den Frieden tun. Wenn wir nicht lächeln, können wir anderen nicht helfen zu lächeln. Wenn wir nicht friedvoll sind, können wir nichts zur Friedensbewegung beitragen.

Ich hoffe, wir können eine neue Dimension in die Friedensbewegung bringen. Die Friedensbewegung ist voll von Ärger und Haß. Sie kann die Erwartung, die wir an sie haben, nicht erfüllen. Ein neuer Weg, Frieden zu sein, Frieden zu machen, ist nötig. Deshalb ist es so wichtig für uns, zu meditieren und die Fähigkeit zu gewinnen zu schauen, zu sehen und zu verstehen. Es wäre großartig, wenn wir unseren Beitrag, unsere Weise, die Dinge anzuschauen, in die Friedensbewegung hereintragen könnten. Das würde Aggression und Haß verringern. Friedensarbeit heißt zuallererst Frieden zu sein. Meditation ist Meditation für uns alle. Wir sind aufeinander angewiesen. Unsere Kinder sind auf uns angewiesen, damit sie eine Zukunft haben.

6

Wechselseitiges Durchdrungen-Sein
(Interbeing)

Ich glaube, daß die Begegnung zwischen dem Buddhismus und dem Westen etwas sehr Spannendes und Wichtiges hervorbringen wird. In westlichen Gesellschaften gibt es wichtige Werte, z. B. die wissenschaftiche Betrachtungsweise, den freien Forschergeist und die Demokratie. Wenn diese Werte und der Buddhismus sich begegnen, wird etwas sehr Neues und Spannendes für die Menschheit entstehen. Laßt uns einige Beispiele anschauen: Das Drucken wurde in China und bewegliche Metallbuchstaben wurden in Korea erfunden. Aber als der Westen zu drucken anfing, bekam das Drucken eine große Bedeutung für die Kommunikation. Das Schießpulver wurde von den Chinesen entdeckt, aber als es vom Westen hergestellt wurde, hat es das Antlitz der Erde verändert. Und der Tee, der in Asien entdeckt wurde, wurde zu Teebeuteln.

Das buddhistische Prinzip des nicht-dualistischen Sehens und Handelns wird unsere Lebensart völlig verändern, wenn es mit der westlichen Weise, Dinge zu tun, kombiniert wird. Die Rolle der amerikanischen Buddhisten, Buddhismus mit westlicher Zivilisation zusammenzubringen, ist für uns alle sehr bedeutend.

Buddhismus ist nicht einheitlich. Die Lehren des Buddhismus sind vielfältig. Wenn sie in ein neues Land kommen, bringt dieses Land immer eine neue Form von Buddhismus hervor. Als ich das erste Mal buddhistische Gemeinschaften in den USA besuchte, fragte ich einen Freund: »Bitte zeige mir Euren Buddha, Euren amerikanischen Buddha.« Die Frage überraschte meinen Freund; denn er dachte, daß der Buddha universal sei. In Wahrheit haben die Chinesen einen chinesischen Buddha und die Tibeter einen tibetischen Buddha und die Lehre ist unterschiedlich. Die Lehre des Buddhismus in diesem Land unterscheidet sich von der in anderen Ländern. Buddhismus muß, um wirklich Buddhismus zu sein, angemessen sein, angepaßt an die Psychologie und Kultur des Landes, dem er dient.

Meine Frage war sehr einfach: »Wo ist Euer Bodhisattva? Zeig mir einen amerikanischen Bodhisattva.« Mein Freund war dazu nicht in der Lage. »Zeig mir einen amerikanischen Mönch, eine amerikanische Nonne oder ein amerikanisches buddhistisches Zentrum.« All das ist noch nicht zu sehen. Ich meine, wir können von anderen buddhistischen Traditionen zwar lernen; haben jedoch unseren eigenen Buddhismus geschaffen. Ich glaube, daß Ihr aus der Tiefe der Übung heraus bald Euren eigenen Buddhismus haben werdet.

*   *   *

Ich möchte Euch eine Form des Buddhismus vorstellen, die möglicherweise hier im Westen angenommen werden kann. Wir haben damit in den letzten 20 Jahren experimentiert, und es scheint, daß sie unserer modernen Gesellschaft entsprechen könnte. Sie heißt Tiep Hien Orden, der Orden des wechselseitigen Durchdrungenseins (»Interbeing«).

Der Tiep Hien Orden wurde während des Krieges in Vietnam gegründet. Er stammt aus der Zen Schule von Lin Chie und ist die 42. Generation dieser Linie. Er ist eine Form des engagierten Buddhismus, Buddhismus im täglichen Leben und in der Gesellschaft und nicht nur im Meditationszentrum. Tiep und Hien sind vietnamesische Worte chinesischen Ursprungs. Ich möchte die Bedeutung dieser Worte erklären; denn sie zu verstehen hilft, den Geist dieses Ordens zu verstehen.

Tiep heißt »in Kontakt zu sein«. Die Idee des engagierten Buddhismus ist schon in dem Wort tiep sichtbar. Zunächst einmal in Kontakt mit sich selbst zu sein. In der modernen Gesellschaft wollen die meisten von uns nicht in Kontakt mit sich selbst sein. Wir möchten in Kontakt mit anderen Dingen, wie Religion, Sport, Politik, mit einem Buch sein — wir möchten uns selbst vergessen. Jedesmal wenn wir Freizeit haben, laden wir etwas anderes ein, in uns einzutreten, wir öffnen uns dem Fernsehen und bitten es, zu kommen und uns zu kolonialisieren. So bedeutet »in Kontakt« zu allererst in Kontakt mit uns selbst, um die Quelle der Weisheit, des Verstehens und Mitgefühls in jedem von uns zu finden. In Kontakt mit sich selbst zu sein, ist die Bedeutung von Meditation, bewußt zu sein, was in Deinem Körper, in Deinem Geist, in Deinen Gefühlen passiert. Das ist die erste Bedeutung von tiep.

Tiep bedeutet auch, in Kontakt mit Buddhas und Bodhisattvas zu sein, den erleuchteten Personen, in denen vollkommenes Verständnis mit Mitgefühl spürbar wirken. In Kontakt mit sich selbst zu sein, bedeutet, in Kontakt mit dieser Quelle der Weisheit und des Mitgefühls zu sein. Ihr wißt, daß Kinder verstehen, daß der Buddha in ihnen selbst ist. Am allerersten Tag der Einkehrtagung in Ojai, Kalifornien nahm ein Junge für sich in Anspruch, Buddha zu sein. Ich sagte zu ihm, daß dieses teilweise wahr sei, weil er manchmal Buddha sei, aber manchmal sei er es nicht. Es hängt von dem Grad seines Erwachtseins ab.

Die zweite Bedeutung des Wortes tiep ist »fortfahren«, etwas länger andauern lassen. Es bedeutet, daß der einmal von Buddhas und Bodhisattvas begonnene Weg fortgesetzt werden sollte. Das ist nur möglich, wenn wir mit unserem wahren Selbst in Kontakt kommen, was bedeutet, tief in den Boden hineinzugraben, bis wir eine verborgene Quelle frischen Wassers erreichen — dann ist der Brunnen gefüllt. Wenn wir in Kontakt mit unserem wahren Selbst sind, wird die Quelle des Verstehens und Mitgefühls zum Vorschein kommen. In Kontakt mit unserem wahren Bewußtsein zu sein, ist die Grundlage von allem. Es ist notwendig, um den Weg fortzusetzen, der von den Buddhas und Bodhisattvas begonnen wurde.

Hien bedeutet »die Gegenwart«. Wir müssen in der Gegenwart sein; denn nur sie ist real. Nur im gegenwärtigen Moment können wir leben. Wir praktizieren nicht um der Zukunft willen, um in einem Paradies wiedergeboren zu werden, sondern um in der Gegenwart Friede, Mitgefühl und Freude zu sein. Hien bedeutet auch »Verwirklichung, Manifestation, Realisation«. Liebe und Verstehen sind nicht nur Worte und Konzepte. Sie müssen real sein, realisiert, in Dir selbst und in der Gesellschaft. Das ist die Bedeutung des Wortes Hien.

Es ist schwierig, englische oder französische Worte (oder deutsche, d. Übersetzerin) zu finden, die der Bedeutung von Tiep Hien genau entsprechen. Es gibt einen Begriff aus dem Avatamsaka Sutra »interbeing« (hier mit »wechselseitiges Durchdrungen-Sein« übersetzt, Anm. der Übersetzerin), der dem Geist entspricht. Daher haben wir

86

Tiep Hien mit »interbeing« übersetzt. Im Sutra ist es ein zusammengesetzter Begriff und bedeutet »wechselseitig« und »sein«. Interbeing ist ein neues englisches Wort und ich hoffe, daß es angenommen wird. Wir haben über das Viele im Einen und über das Eine, das die Vielfalt enthält, gesprochen. In einem Blatt Papier sehen wir alles andere: die Wolke, den Wald, den Holzfäller. Ich bin, darum bist du. Du bist, darum bin ich. Das ist die Bedeutung des Wortes »interbeing«. Wir sind wechselseitig durchdrungen. (Im englischen Text: We inter-are.)

In dem Orden des Interbeing gibt es zwei Gemeinschaften. Die innere Gemeinschaft besteht aus Männern und Frauen, die gelobt haben, die 14 Ordensregeln einzuhalten. Man sollte in dieser Weise mindestens ein Jahr praktizieren, bevor man als Bruder oder Schwester des Ordens ordiniert wird. Nach der Ordination muß diese Person selbst um sich eine Gemeinschaft sammeln, um weiter zu praktizieren. Diese Gemeinschaft heißt die Erweiterte Gemeinschaft. Das sind alle diejenigen, die genau dasselbe praktizieren, aber das Gelübde nicht abgelegt haben und noch nicht in die innere Gemeinschaft ordiniert worden sind.

Diejenigen, die in die innere Gemeinschaft ordiniert worden sind, haben kein besonderes äußeres Zeichen. Sie scheren nicht ihre Köpfe, sie haben kein besonderes Gewand. Was sie von anderen unterscheidet, ist, daß sie eine Reihe von Regeln beachten. Eine davon ist, jährlich mindestens 60 Einkehr-Tage, Tage der Achtsamkeit, einzuhalten, sei es hintereinander oder in Abschnitten. Wenn sie z. B. jeden Sonntag praktizieren, sind das schon 52 Tage. Die Leute in der Erweiterten Gemeinschaft können das ebenfalls oder mehr tun, auch wenn sie nicht ordiniert werden wollen. In der inneren Gemeinschaft können die Leute wählen, zölibatär zu leben oder ein Familienleben zu führen.

Mindestens alle zwei Wochen kommen die Mitglieder

und Freunde zusammen und rezitieren die 14 Regeln. Sie beginnen mit den drei Zufluchten und den zwei Versprechen für Kinder. Diese zwei Versprechen schließen all die Regeln für Erwachsene ein. Das erste Versprechen ist: »Ich gelobe, mein Mitgefühl zu entwickeln, um das Leben von Menschen, Tieren und Pflanzen lieben und beschützen zu können.« Das zweite Versprechen ist: »Ich gelobe, Verständnis zu entwickeln, um lieben und mit Menschen, Tieren und Pflanzen in Harmonie leben zu können. So sind diese beiden Versprechen Mitgefühl oder Liebe und Verstehen. Sie sind der Kern von Buddhas Lehren. Nachdem die Kinder die drei Zufluchten und diese beiden Versprechen rezitiert haben, können sie hinausgehen und spielen, und die Erwachsenen rezitieren ihre 14 Regeln.

Normalerweise beginnen Gebote mit den Ermahnungen, die den Körper betreffen, wie »nicht zu töten«. Die Tiep Hien Regeln sind in gewisser Weise umgekehrt aufgebaut — diejenigen, die den Geist betreffen, kommen zuerst. Im Buddhismus ist der Geist die Wurzel von allem anderen. Dieses sind die Regeln des Ordens:

Erstens: Binde Dich nicht abgöttisch an irgendeine Doktrin, Theorie oder Ideologie, selbst nicht an buddhistische. Alle Gedankensysteme sind Leitideen; sie sind nicht die absolute Wahrheit.

Diese Regel ist das »Brüllen des Löwen«. Ihr Geist ist für den Buddhismus charakteristisch. Oft wird gesagt, Buddhas Lehren seien nur ein Floß, das Euch hilft, den Fluß zu überqueren, ein Finger, der auf den Mond weist. Das Floß ist nicht die Küste. Wenn wir uns an das Floß oder an den Finger klammern, verpassen wir alles. Wir können uns nicht gegenseitig im Namen des Fingers oder des Floßes umbringen. Menschliches Leben ist kostbarer als jede Ideologie und jede Doktrin.

Der Orden des Tiep Hien wurde während des Krieges in Vietnam geboren. Dieser Krieg war ein Konflikt zwischen zwei Weltideologien. Im Namen von Ideologien und Doktrinen töten Menschen und werden getötet. Wenn Du ein Gewehr hast, kannst Du ein, zwei, drei, fünf Menschen töten; aber wenn Du eine Ideologie hast und an ihr klebst, indem Du denkst, es sei die absolute Wahrheit, kannst Du Millionen töten. Diese Regel enthält die Regel, nicht zu töten, in ihrer tiefsten Bedeutung. Die Menschheit leidet sehr unter der Anklammerung an Standpunkte. »Wenn Du dieser Lehre nicht folgst, werde ich Dir den Kopf abschlagen.« Im Namen der Wahrheit bringen wir einander um. Die Welt sitzt fest in dieser Situation. Viele denken, daß der Marxismus das höchste Produkt menschlichen Geistes sei, daß nichts damit zu vergleichen sei. Andere denken, das sei verrückt, und wir müßten diese Leute umbringen. Wir sind in dieser Situation gefangen.

Buddhismus ist nicht so. Eine der grundlegendsten Ideen von Shakyamuni ist, daß das Leben in höchstem Maße wertvoll sei. Das ist die Antwort auf unser Hauptanliegen Krieg und Frieden. Wir können Frieden nur schaffen, wenn wir nicht auf einen Standpunkt fixiert sind, wenn wir frei von Fanatismus sind. Je mehr Ihr Euch entscheidet, diese Regel zu leben, umso tiefer werdet Ihr in die Realität eindringen und die Lehren des Buddhismus verstehen.

Zweitens: Glaube nicht, daß Dein augenblickliches Wissen keinem Wechsel unterliege und die absolute Wahrheit sei. Vermeide, engstirnig zu sein und augenblicklichen Überzeugungen verhaftet zu bleiben. Lerne und praktiziere das Nicht-Anhaften an Überzeugungen, um offen für die Aufnahme anderer Ansichten zu sein. Die Wahrheit ist im Leben und nicht lediglich in begrifflichem Wissen zu finden. Sei bereit, während Deines gesamten Lebens zu lernen und jederzeit die Realität in Dir selbst und in der Welt zu beobachten.

Diese Regel entstammt der ersten. Denkt an den Vater, der sich weigerte, seinem eigenen Sohn die Tür zu öffnen, weil er dachte, der Sohn sei schon tot. Buddha hat gesagt: »Wenn Du Dich an etwas als die absolute Wahrheit klammerst, und Du darin gefangen bist, wirst Du, wenn die Wahrheit in Person kommt und an Deine Tür klopft, Dich weigern, sie einzulassen.« Ein Wissenschaftler, der offen ist und den gegenwärtigen Stand der Wissenschaften hinterfragen kann, hat eine größere Chance, die höhere Wahrheit zu entdecken. Ebenso muß eine Buddhistin in ihrer Meditation, in ihrem Streben nach höherem Verstehen ihre gegenwärtige Ansicht über die Realität in Frage stellen. Die Technik des Verstehens besteht darin, Überzeugungen und Kenntnisse zu überwinden. Der Weg des Nicht-Anhaftens an Überzeugungen ist die grundlegende buddhistische Lehre über das Verstehen.

Drittens: Zwinge andere, einschließlich Kinder, unter keinen Umständen, Deine Überzeugungen anzunehmen, sei es durch Autorität, Drohung, Geld, Propaganda oder auch nur durch Erziehung. Unterstütze jedoch andere, Fanatismus und Engstirnigkeit durch mitfühlenden Dialog zu überwinden.

Diese Regel entspringt ebenfalls der ersten. Es ist der freie Forschergeist. Ich denke, westliche Menschen können sie akzeptieren, weil Ihr sie versteht. Wenn Ihr einen Weg findet, sie weltweit zu organisieren, wäre das ein glückliches Ereignis für die Welt.

Viertens: Vermeide nicht den Kontakt mit dem Leiden und verschließe Deine Augen nicht vor dem Leiden. Verlier nicht Dein Bewußtsein von der Existenz von Leiden in der Welt. Finde auf jeden Fall Wege, in Kontakt mit den Leidenden zu sein, einschließlich persönlichen Kontakten und Besuchen, Wort und Bild. Erwecke dadurch Dein eigenes Bewußtsein und das anderer zu der Realität von Leiden in der Welt.

Die erste Dharma-Rede, die Buddha gehalten hat, war über die vier edlen Wahrheiten. Die erste Wahrheit ist die Existenz von Leiden. Diese Art von Kontakt und Bewußtsein ist notwendig. Wenn wir Schmerz und Übel nicht begegnen, werden wir nicht nach den Ursachen von Schmerz und Übel suchen, um ein Mittel dagegen, einen Weg heraus zu finden.

Amerika ist in gewisser Weise eine geschlossene Gesellschaft. Amerikaner nehmen nicht besonders wahr, was außerhalb von Amerika vor sich geht. Das Leben hier ist so geschäftig, daß ein wirklicher Kontakt selbst dann nicht entsteht, wenn Du fernsiehst und die Zeitung liest und die Bilder von außen vorbeifliegen. Natürlich gibt es auch innerhalb von Amerika Leiden, und es ist wichtig, damit in Kontakt zu bleiben. Aber das meiste Leiden des Westens ist »nutzlos« und kann verschwinden, wenn wir das reale Leiden anderer Völker sehen. Manchmal leiden wir aus psychologischen Gründen. Wir können nicht aus uns selbst heraus und so leiden wir. Wenn wir mit dem Leiden in der Welt in Berührung kommen und davon bewegt werden, werden wir vielleicht den leidenden Menschen helfen und unser eigenes Leiden wird möglicherweise einfach verschwinden.

Fünftens: Sammle keinen Reichtum an, während Millionen hungern. Wähle als Dein Lebensziel nicht Ruhm, Profit, Reichtum oder sinnliche Freuden. Lebe einfach und teile Deine Zeit, Energie und materiellen Mittel mit den Notleidenden.

Das Sutra von den »Achtfachen Verwirklichungen Großer Wesen« sagt: »Der menschliche Geist sucht ständig nach Besitz und fühlt sich nie erfüllt. Bodhisattvas bewegen sich in die umgekehrte Richtung und befolgen das Prinzip der Selbst-Genügsamkeit. Sie leben ein einfaches Leben, um den WEG zu praktizieren und betrachten die Verwirklichung von vollkommenem Verstehen als ihr einziges Lebensziel.« Im Kontext unserer modernen Gesellschaft bedeutet einfaches Leben, so frei wie möglich von der zerstörerischen sozialen und ökonomischen Maschine zu bleiben und Streß, Depressionen, hohe Blutdruck und andere moderne Zivilisationskrankheiten zu vermeiden. Wir sollten alle Anstrengungen machen, um die Zwänge und Ängste, welche die meisten modernen Leben beherrschen, zu vermeiden. Der einzige Ausweg ist, weniger zu konsumieren. Wenn wir erst einmal in der Lage sind, einfach und glücklich zu leben, können wir anderen besser helfen.

Sechstens: Halte nicht fest an Ärger oder Haß. Sobald Ärger oder Haß hochkommt, praktiziere die Meditation des Mitgefühls, um die Person, die Ärger und Haß verursacht hat, tief zu verstehen. Lerne, andere Wesen mit den Augen des Mitgefühls anzuschauen.
Wir müssen Gereiztheit und Ärger wahrnehmen, wenn sie entstehen und versuchen, sie zu verstehen. Wenn wir erst einmal verstehen, können wir besser vergeben und lieben. Meditation des Mitgefühls bedeutet Meditation des Verstehens. Wenn wir nicht verstehen, können wir nicht lieben.

»Lerne, andere Wesen mit den Augen des Mitgefühls anzuschauen« ist ein Zitat aus dem »Lotus Sutra«, aus dem
Kapitel über Avalokiteśvara. Vielleicht möchtest Du es
aufschreiben und in Deinen Meditationsraum hängen. Der
chinesische Text hat im Original nur fünf Worte: »Mitfüh-
lende Augen schauen Lebewesen an.« Als ich das erste Mal
das »Lotus Sutra« rezitierte und zu diesen fünf Worten
kam, wurde ich still. Ich wußte, daß diese fünf Worte ausreichen, mein gesamtes Leben zu leiten.

Siebtens: Verliere Dich nicht in Zerstreuung und in Deiner Umgebung. Lerne, atmen zu üben, um die Beherr-
schung von Körper und Geist zu gewinnen, Achtsamkeit zu
praktizieren und Konzentration und Verständnis zu entwickeln.

Diese Regel ist in der Mitte. Im Herzen der 14 Regeln, die
wichtigste Regel: in Achtsamkeit zu leben. Ohne diese Regel, ohne Bewußtheit können die anderen Regeln nicht
vollständig befolgt werden. In Asien war es üblich, Sachen
mit einer Stange zu tragen, und die Mitte der Stange wurde
auf die Schultern gelegt. Diese Regel ist wie die Mitte der
Stange, die Du auf Deinen Schultern trägst.

Achtens: Verbreite keine Reden, die Zwietracht säen und
die Gemeinschaft auseinanderfallen lassen können. Unter-
nimm jede Anstrengung, alle Konflikte zu lösen und aus-
zusöhnen, selbst dann, wenn sie noch so klein sind.

Wir kommen jetzt zu der zweiten Serie von Regeln, welche die Rede betreffen. Die ersten sieben Regeln handeln
vom Geist, die nächsten zwei von der Rede und die letzten
fünf vom Körper. Diese Regel bezieht sich auf Versöhnung,
auf die Anstrengung, Frieden zu schaffen, nicht nur in

Deiner Familie, sondern auch in der Gesellschaft. Um einen Konflikt zu schlichten, müssen wir zu beiden Seiten Kontakt haben. Wir müssen den Konflikt transzendieren. Wenn wir noch im Konflikt befangen sind, ist die Versöhnung schwierig. Wir müssen einen nicht-dualistischen Standpunkt haben, um beiden Seiten zuhören und sie verstehen zu können. Die Welt braucht solche Menschen für das Werk der Aussöhnung, Menschen mit der Fähigkeit des Verstehens und Mitgefühls.

Neuntens: Sage keine Unwahrheiten um des persönlichen Vorteils willen oder um Leute zu beeindrucken. Verbreite keine Rede, die Zwietracht und Haß sät. Verbreite keine Nachrichten, von denen Du nicht weißt, daß sie wahr sind. Kritisiere oder verdamme nichts, dessen Du nicht sicher bist. Rede immer wahrhaftig und konstruktiv. Habe den Mut, gegen das Unrecht Deine Stimme zu erheben, selbst wenn das Deine eigene Sicherheit bedroht.

Die Worte, die wir sprechen, können Liebe, Vertrauen und Glück verbreiten oder die Hölle schaffen. Wir sollten in unserer Redeweise sorgfältig sein. Wenn wir dazu neigen, zu viel zu reden, sollten wir dessen gewahr werden und weniger reden. Wir müssen uns unserer Redeweise und deren Wirkung bewußt werden. Es gibt einen Gatha, der zitiert werden kann, bevor wir den Telefonhörer aufnehmen:

Worte können Tausende von Meilen reisen.
Sie sind dazu da, Verstehen und Liebe zu schaffen.
Jedes Wort sollte ein Juwel sein,
ein wunderschönes Gewebe.

Wir sollten in konstruktiver Weise sprechen. Wir können versuchen, durch unsere Rede nicht Mißverständnis, Haß und Eifersucht zu säen, sondern (statt dessen) Verständnis und reife Einsicht zu vermehren. Das mag sogar helfen, unsere Telefonrechnung zu verringern. Die neunte Regel erfordert auch Freimütigkeit und Mut. Wie viele von uns sind mutig genug, Unrecht anzuprangern, wenn das Aussprechen der Wahrheit die eigene Sicherheit bedrohen kann?

Zehntens: Benutze die buddhistische Gemeinschaft nicht für persönlichen Gewinn oder Profit und verwandle sie nicht in eine politische Partei. Eine religiöse Gemeinschaft sollte allerdings einen klaren Standpunkt gegen Unterdrückung und Unrecht einnehmen und bestrebt sein, die Situation zu ändern, ohne sich in Partisanenkämpfen zu engagieren.

Das bedeutet nicht, daß wir zu Unrecht schweigen sollen. Es heißt nur, daß wir es mit Bewußtsein tun und nicht Partei ergreifen sollen. Wir sollten die Wahrheit sagen, ohne die politischen Konsequenzen abzuwägen. Wenn wir Partei ergreifen, verlieren wir unsere Macht zu helfen, den Konflikt zu schlichten.

Während eines Amerikabesuches traf ich eine Gruppe von Leuten, die helfen wollte, Spenden zu sammeln, um der vietnamesischen Regierung zu helfen, das Land wieder aufzubauen. Ich fragte, ob sie auch etwas für die Boat People tun wollten und sie sagten »nein«. Sie meinten, es sei politisch nicht gut, über die Boat People zu reden, weil das die Regierung von Vietnam in Mißkredit bringen würde. Sie müssen sich einer Sache, die sie als richtig ansehen, enthalten, um einer anderen zum Erfolg zu verhelfen.

Elftens: Übe nicht einen Beruf aus, der Menschen oder die Natur schädigt. Investiere nicht in Gesellschaften, die andere ihrer Lebenschancen beraubt. Wähle einen Beruf, der dazu beiträgt, Dein Ideal des Mitgefühls zu verwirklichen.

Diese Regel ist extrem hart zu befolgen. Wenn Du glücklich genug bist, einen Beruf zu haben, der dazu beiträgt, Dein Ideal des Mitgefühls zu verwirklichen, mußt Du sie noch tiefer verstehen. Wenn ich ein Lehrer bin, habe ich Glück, diesen Beruf zu haben, Kindern zu helfen. Ich habe Glück, daß ich nicht ein Metzger bin, der Kühe und Schweine schlachtet. Allerdings kommen der Sohn und die Tochter des Schlachters in meine Klasse und ich unterrichte sie. Sie profitieren von meiner »richtigen« Arbeit. Mein Sohn und meine Tochter essen das Fleisch, das der Metzger zubereitet. Wir sind miteinander verbunden. Ich kann nicht sagen, daß mein Lebensunterhalt vollkommen stimmig ist. Er kann es nicht sein. Diese Regel zu befolgen beinhaltet, Wege zu finden, die zu einem kollektiv richtigen Lebensunterhalt führen.

Möglicherweise ißt Du vegetarisch, um das Ausmaß des Tötens von Tieren zu mindern, aber Du kannst das Töten nicht vollständig vermeiden. Wenn Du ein Glas Wasser trinkst, tötest Du schon winzige Lebewesen. Sogar in Deinem Gemüseteller sind eine ganze Menge davon, gekocht oder gebraten. Ich weiß, daß mein vegetarisches Essen nicht vollständig vegetarisch ist, und ich denke, daß selbst mein Lehrer, der Buddha — wäre er hier — es nicht vermeiden könnte. Das Problem ist, ob wir entschlossen sind, in die Richtung des Mitgefühls zu gehen oder nicht. Wenn wir es sind, reduzieren wir dann das Leiden auf ein Minimum? Wenn ich meine Richtung verliere, muß ich nach dem Polarstern Ausschau halten und nördlich gehen. Das heißt nicht, daß ich erwarte, am Polarstern anzukommen. Ich möchte nur in diese Richtung gehen.

Zwölftens: Töte nicht. Laß nicht zu, daß andere töten. Finde jedes mögliche Mittel, Leben zu schützen und Krieg zu verhindern.

Die Verteidigungshaushalte in westlichen Ländern sind gigantisch. Studien zeigen, daß wir genug Geld haben, um Armut, Hunger, Analphabetentum und viele andere Übel aus der Welt zu verbannen, wenn wir das Wettrüsten beenden. Diese Regel bezieht sich nicht nur auf Menschen, sondern auf alle Lebewesen. Wie wir gesehen haben, kann niemand diese Regel vollständig befolgen; das Wesentliche ist jedoch, Leben zu respektieren und zu schützen, unser Bestes zu tun, Leben zu schützen. Das bedeutet, nicht zu töten und nicht zuzulassen, daß andere töten. Es ist schwierig. Diejenigen, die versuchen, diese Regel einzuhalten, müssen für den Frieden arbeiten, um Frieden in sich selbst zu haben. Krieg zu verhüten ist viel besser als gegen Krieg zu protestieren. Gegen Krieg zu protestieren ist zu spät.

Dreizehntens: Besitze nicht, was anderen gehören sollte. Respektiere das Eigentum anderer, aber verhindere, daß andere sich an menschlichem Leiden oder dem Leiden anderer Wesen bereichern.

Wenn wir die Not, die durch soziale Ungerechtigkeit entsteht, in unser Bewußtsein bringen, drängt uns die dreizehnte Regel, für eine lebenswertere Gesellschaft zu arbeiten. Diese Regel hängt mit der vierten (Bewußtsein von Leiden), der fünften (Lebensweise), der elften (richtige Arbeit) und der zwölften (Schutz des Lebens) zusammen. Um diese Regel tief zu verstehen, müssen wir auch über diese vier Regeln meditieren.

Wege zu entwickeln, die andere daran hindert, sich an menschlichem Leiden oder dem Leiden anderer Wesen zu bereichern, ist die Aufgabe von Gesetzgebern und Politikern. Jeder von uns kann jedoch ebenso in dieser Richtung handeln. Bis zu einem gewissen Grad können wir unterdrückten Menschen nahe sein und ihnen helfen, ihr Lebensrecht zu schützen und sich gegen Unterdrückung und Ausbeutung zu wehren. Wir können es nicht zulassen, daß Menschen sich an menschlichem Leiden oder dem Leiden anderer Wesen bereichern. Wir müssen als Gemeinschaft versuchen, das zu verhüten. Wir müssen überlegen, wie wir für Gerechtigkeit in unserer eigenen Stadt arbeiten können. Die Gelübde der Bodhisattvas — allen fühlenden Wesen zu helfen — sind gewaltig. Jeder von uns kann geloben, in ihrem Rettungsboot zu sitzen.

Vierzehntens: Mißhandle nicht Deinen Körper. Lern, ihn mit Respekt zu behandeln. Betrachte Deinen Körper nicht nur als Instrument. Bewahre vitale Energien (Sexualität, Atem, Geist) für die Verwirklichung des WEGES. Ohne Liebe und Verbindlichkeit solltest Du Dich nicht sexuell ausdrücken. Achte in sexuellen Beziehungen auf künftiges Leid, das hieraus verursacht werden kann. Respektiere die Rechte und familiären Verpflichtungen der anderen, um ihr Glück zu schützen. Sei Dir voll der Verantwortung bewußt, neues Leben in diese Welt zu bringen. Meditiere über die Welt, in welche du neue Geschöpfe bringst.

Du hast vielleicht den Eindruck, daß diese Regel entmutigen soll, Kinder zu bekommen, aber so ist es nicht. Sie zwingt uns nur, darauf zu achten, was wir tun. Ist unsere Welt sicher genug, um mehr Kinder in die Welt zu bringen? Wenn Du mehr Kinder in die Welt bringen möchtest, tu etwas für die Welt.

Diese Regel hat auch mit dem Zölibat zu tun. Traditionellerweise waren buddhistische Mönche aus wenigstens drei Gründen zölibatär. Der erste ist, daß die Mönche in der Zeit Buddhas gezwungen waren, den größten Teil des Tages zu meditieren. Sie mußten in Kontakt mit den Leuten des Dorfes sein, um sie den Dharma zu lehren und um Essen für den Tag zu bitten. Wenn ein Mönch eine Familie zu unterhalten hätte, wäre er nicht in der Lage, seinen Pflichten als Mönch nachzukommen.

Der zweite Grund ist, daß die sexuelle Energie für die Meditation bewahrt werden mußte. In den religiösen und medizinischen Traditionen Asiens wurde angenommen, daß der Mensch drei Energiequellen habe: Sexualität, Atem und Geist. Sexuelle Energie verausgabst Du beim Geschlechtsverkehr. Atemenergie vergeudest Du, wenn Du zuviel redest und zuwenig atmest. Die Energie des Geistes vergeudest Du, wenn Du Dir zuviel Sorgen machst und nicht genug schläfst. Wenn Du diese drei Energiequellen verausgabst, ist Dein Körper für den WEG und ein tiefes Eindringen in die Realität nicht kräftig genug. Die buddhistischen Mönche haben das Zölibat nicht aus moralischem Gebot, sondern zur Bewahrung ihrer sexuellen Energie eingehalten. Wer lange fastet, weiß, wie wichtig diese drei Energiequellen sind.

Der dritte Grund, aus dem die buddhistischen Mönche zölibatär waren, ist das Problem des Leidens. Zu jener Zeit und auch noch heute, wenn wir nach Indien reisen, sehen wir viele Kinder ohne Nahrung, so viele kranke Kinder ohne Medizin. Und eine Frau, die nicht einmal die zwei oder drei Kinder ernähren kann, kann zehn, zwölf Kinder zur Welt bringen. »Leben ist Leiden« ist die erste Wahrheit im Buddhismus. Es ist eine große Verantwortung, ein Kind zur Welt zu bringen. Wenn Du wohlhabend bist, kannst Du es vielleicht problemlos tun. Aber wenn Du arm bist, ist es wirklich ein Anlaß zur Sorge. Wiedergeboren zu werden, bedeutet zuerst, in Deinen Kindern wiedergeboren zu werden. Deine Kinder sind eine Fortsetzung von Dir. Du bist in ihnen wiedergeboren. Du setzt den Zyklus des Leidens fort. In dem Bewußtsein, daß es bedeuten würde, mehr Kinder leiden zu lassen, wenn mehr Kinder in die Gesellschaft seiner Zeit kämen, verlangte der Buddha von den Mönchen, keine Kinder zu haben. Ich denke, daß buddhistische Mönche in den vergangenen 2.500 Jahren in vielen Ländern dazu beigetragen haben, die Geburtenrate zu verringern.

Die vierzehnte Regel drängt uns, unseren Körper zu achten, unsere Energie für die Verwirklichung des WEGES zu bewahren. Nicht nur Meditation, sondern jede Art von Anstrengung, die nötig ist, die Welt zu ändern, erfordert Energie. Wir sollten gut für uns sorgen.

Nach meiner Meinung hat die sexuelle Befreiung im Westen einige gute Wirkungen gehabt, aber auch einige Probleme verursacht. Die Frauenbefreiung aufgrund der Empfängnisverhütung ist etwas sehr Reales. In der Vergangenheit hatten junge Mädchen in Asien wie in Europa enorme Probleme, wenn sie schwanger wurden. Manche begingen sogar Selbstmord. Seit der Entdeckung der Methoden der Empfängnisverhütung ist diese Art von Tragödien beachtlich zurückgegangen. Aber die sexuelle Befreiung hat auch viele Schwierigkeiten gebracht. Ich glaube, daß die Tatsache, daß viele Leute unter Depressionen leiden, teilweise damit zusammenhängt. Bitte meditiert über dieses Problem. Es ist ein sehr wichtiges Problem für westliche Gesellschaften.

Wenn Ihr Kinder haben wollt, tut bitte etwas für die Welt, in die Ihr sie hineinbringt. Das wird Euch zu Menschen machen, die in der einen oder anderen Art für den Frieden arbeiten.

7

Meditation im Alltag

Während einer Meditations-Einkehr lädt der Glocken-
Meister von Zeit zu Zeit die Glocke ein zu klingen, wobei
er zunächst still dieses Gedicht rezitiert:

> Körper, Rede und Geist in vollkommner Einheit,
> sende ich mein Herz hinaus mit dem Klang der
>   Glocke.
> Möge der Hörer aus dem Vergessen erwachen
> und alle Ängste und Sorgen transzendieren.

Dann atmet er oder sie drei Mal und lädt die Glocke ein, zu
klingen. Wenn wir anderen die Glocke hören, hören wir auf
zu denken und atmen drei Mal ein und aus, während wir
diesen Vers rezitieren:

> Höre, höre,
> dieser wunderbare Klang
> bringt mich zurück zu meinem wahren Selbst.

Meditation bedeutet, darauf zu achten, was geschieht: in
Deinem Körper, in Deinen Gefühlen, in Deinem Geist und
in der Welt. Die kostbarste Praxis im Buddhismus ist die
Meditation und es ist wichtig, in froher Stimmung zu me-

ditieren. Wir müssen viel lächeln, um fähig zu sein, zu meditieren. Die Glocke der Achtsamkeit hilft uns, das zu tun.

*   *   *

Angenommen, wir haben einen Sohn, der zu einem unerträglichen jungen Mann wird. Es mag hart für uns ein, ihn zu lieben. Das ist ganz natürlich. Um geliebt zu werden, sollte eine Person liebenswert sein. Wenn es schwierig geworden ist, unseren Sohn zu lieben, werden wir sehr unglücklich sein. Wir wünschen, wir könnten ihn lieben, aber der einzige Weg ist, ihn zu verstehen, seine Situation zu verstehen. Wir müssen unseren Sohn zum Gegenstand unserer Meditation machen. Statt des Konzeptes der Leere oder eines anderen Themas können wir unseren Sohn zum konkreten Betrachtungsgegenstand unserer Meditation machen.

Zunächst müssen wir die Invasion von Gefühlen und Gedanken stoppen, die unsere Kraft in der Meditation verringert, und unsere Stärke pflegen, die Macht der Konzentration. In Sanskrit wird das »samadhi« genannt. Ein Kind muß, um seine Hausarbeiten zu erledigen, aufhören, Kaugummi zu kaufen und Radio zu hören. So kann es sich auf die Hausarbeit konzentrieren. Wenn wir unseren Sohn verstehen wollen, müssen wir lernen, die Dinge zu stoppen, die unsere Aufmerksamkeit ablenken. Konzentration, samadhi, ist die erste Meditationsübung.

Wenn sich Licht durch eine Glühbirne auf unser Buch konzentrieren soll, brauchen wir einen Lampenschirm, damit es sich nicht zerstreut, sondern sich so konzentriert, daß wir das Buch besser lesen können. Die Praxis der Konzentration ist wie wenn wir einen Lampenschirm erwerben, der uns hilft, unser Bewußtsein auf etwas zu konzentrieren. Während wir dasitzen oder gehend meditieren, die Zukunft und die Vergangenheit abschneiden und im Augenblick sind, entwickeln wir unsere eigene Stärke der Konzentration. Mit dieser Stärke können wir tief in das Problem Einsicht nehmen. Das ist Einsicht-Meditation. Zunächst sind wir uns des Problems bewußt und sammeln unsere gesamte Aufmerksamkeit für das Problem. Dann schauen wir tief hinein, um seine wahre Natur zu verstehen, in diesem Fall das Unglücklichsein unseres Sohnes.

Wir beschuldigen unseren Sohn nicht. Wir wollen nur verstehen, warum er so geworden ist. Durch diese Art der Meditation werden wir alle Ursachen, nahe und ferne, die zu dem augenblicklichen Daseinszustand unseres Sohnes geführt haben, herausfinden. Je mehr wir sehen, um so mehr verstehen wir.

Je mehr wir verstehen, umso leichter ist es für uns, Mitgefühl und Liebe zu haben. Verstehen ist die Quelle der Liebe. Verstehen ist die Liebe selbst. Verstehen ist ein anderer Name für Liebe: Liebe ein anderer Name für Verstehen. Wenn wir Buddhismus praktizieren, ist es hilfreich, in dieser Weise zu praktizieren.

Wenn Du einen Baum pflanzt, machst Du ihm keine Vorwürfe, wenn er nicht gut wächst. Du schaust Dir die Gründe dafür an. Vielleicht braucht er Dünger oder mehr Wasser oder weniger Sonne. Du machst nie dem Baum Vorwürfe, aber unseren Sohn beschuldigen wir. Wenn wir wissen, wie wir für ihn sorgen müssen, wird er gut aufwachsen, wie ein Baum. Vorwürfe haben überhaupt keine Wirkung. Mache niemals Vorwürfe, versuche nie zu überzeugen, indem Du Gründe und Argumente anführst. Sie führen niemals zu irgendeiner positiven Wirkung. Das ist meine Erfahrung. Kein Argumentieren, keine Vorwürfe, nur Verständnis. Wenn Du verstehst und Du es zeigst, kannst Du lieben, und die Situation wird sich ändern.

*   *   *

Die Glocke der Achtsamkeit ist die Stimme Buddhas, der uns zu uns selbst zurückruft. Wir müssen diesen Klang respektieren, aufhören, zu denken und zu reden und mit einem Lächeln und Atem zu uns selbst zurückgehen. Es ist nicht ein Buddha von außen. Es ist unser eigener Buddha, der uns ruft. Wenn wir den Klang der Glocke nicht hören können, können wir auch andere Töne nicht hören, die ebenso von Buddha kommen, wie das Geräusch des Windes, des Vogels, sogar von Autos oder einem schreienden Baby. Sie sind alle ein Ruf vom Buddha, zu uns selbst zurückzukehren. Es ist hilfreich, von Zeit zu Zeit mit einer Glocke zu praktizieren. Und wenn Du erst einmal mit der Glocke praktizieren kannst, kannst Du mit dem Wind und anderen Geräuschen praktizieren. Danach kannst Du außer mit den Tönen mit den Formen praktizieren. Der Sonnenschein, der durch Dein Fenster kommt, ist ebenso ein Anruf vom Dharmakaya, damit der Buddhakaya sein kann und auch der Sanghakaya real wird.

»Ruhig werden, lächeln, gegenwärtiger Moment, einziger Moment.« Während Du sitzt, kannst Du das rezitieren, und Du kannst es während der Meditation im Gehen benutzen. Oder Du kannst andere Methoden benutzen, wie Zählen: Einatmen, eins, ausatmen, eins. Einatmen, zwei, Ausatmen, zwei, Ein drei, Aus drei. Bis zehn. Und dann zählst Du rückwärts: zehn und dann neun, acht, sieben. Den Atem zählen ist eine der Methoden, Dich zur Konzentration, zum Samadhi zu erziehen.

Wenn Du nicht konzentriert genug bist, hast Du nicht genügend Kraft, durchzubrechen, den Durchbruch zum Gegenstand Deiner Meditation zu haben. Deswegen dienen atmen, gehen, sitzen und andere Übungen in erster Linie dazu, daß Du einen gewissen Grad von Konzentration erlangst. Das heißt »Stopp«. Stopp, um Dich zu konzentrieren. So wie der Lampenschirm das Licht stoppt, sich zu verteilen, damit Du Dein Buch besser lesen kannst, ist der erste Schritt der Meditation, zu stoppen, die Zerstreuung zu stoppen und sich auf einen Gegenstand zu konzentrieren. Der beste, der meistverfügte Gegenstand ist der Atem. Atem ist wunderbar. Er vereinigt Körper und Geist. Ob Du die Atemzüge zählst oder ihnen nur folgst, es dient dem Stoppen.

Stoppen und sehen sind sehr nahe beieinander. Sobald Du stoppst, werden die Wörter auf der Seite deutlich, das Problem unseres Sohnes wird klar. Stopp und sieh, das ist Meditation, Einsicht-Meditation. Einsicht heißt, Du hast eine Vision, eine Einsicht in die Wirklichkeit. Zu stoppen bedeutet auch, zu sehen und zu sehen hilft, zu stoppen. Beide sind eins. Wir tun so viel, wir laufen so schnell. Die Situation ist schwierig und viele Leute sagen: »Tu etwas. Sitz nicht nur herum!« Aber möglicherweise verschlimmert es die Lage, mehr zu tun. Deswegen solltest Du sagen: »Tu nicht einfach etwas, sitze!« Sitze, stoppe, sei zunächst Du selbst und beginne von dort. Das ist die Bedeutung von Meditation. Du kannst es tun, ob Du im Meditationsraum sitzt oder zu Hause oder wo immer Du bist. Aber Du mußt wirklich sitzen. Einfach nur sitzen reicht nicht. Sitz und *sei*. Sitzen ohne zu sein ist nicht sitzen. Sei das Stoppen und das Sehen.

Es gibt so viele Methoden, zu stoppen und zu sehen, und intelligente Lehrer werden in der Lage sein, Wege zu (er)finden, Dir zu helfen. Es heißt im Buddhismus, es gebe

84.000 Dharma-Türen, durch die Du in die Wirklichkeit eintreten kannst. Dharma Tore sind Mittel zum Praktizieren, Wege des Praktizierens, Übungswege. Wenn wir ein Pferd reiten, das aus unserer Kontrolle gerät, ist unser Wunsch anzuhalten. Wie können wir stoppen? Wir müssen dem Tempo widerstehen, unserem Selbstverlust, und deswegen müssen wir einen Widerstand organisieren. Zwei Stunden bei einer Tasse Tee während einer Teezeremonie zu verbringen, ist ein Akt des Widerstandes, gewaltlosen Widerstandes. Wir können das tun, weil wir ein Sanghakaya haben. Wir können es gemeinsam tun, wir können einer Lebensweise widerstehen, die uns zum Selbstverlust führt. Geh-Meditation ist auch Widerstand. Sitzen ebenso. So mußt Du widerstehen, wenn Du die weitere Aufrüstung verhindern willst. Und beginne mit dem Widerstand in Deinem täglichen Leben. Ich habe in New York ein Auto gesehen mit dem Aufkleber »Laß den Frieden mit mir beginnen«. Das ist richtig. Und laß mich mit dem Frieden beginnen. Das ist ebenfalls richtig.

*   *   *

Meditation im Gehen kann sehr angenehm sein. Wir gehen langsam allein oder mit Freunden, wenn möglich, an einem schönen Ort. Meditation im Gehen bedeutet wirklich, das Gehen zu genießen. Nicht gehen, um anzukommen, nur gehen. Der Zweck ist, im Moment zu sein und jeden Schritt, den Du machst, zu genießen. Deswegen mußt Du alle Ängste und Sorgen abschütteln, nicht an die Zukunft denken, nicht an die Vergangenheit denken, nur Freude am gegenwärtigen Moment haben. Wenn Du es tust, kannst Du die Hand eines Kindes nehmen. Du gehst, Du machst Schritte, als seiest Du die glücklichste Person auf Erden.

Wir gehen die ganze Zeit, aber gewöhnlich ist es mehr wie laufen. Wenn wir auf diese Weise gehen, drücken wir Ängste und Sorgen auf die Erde. Wir müssen auf eine Weise gehen, daß wir nur Frieden und Gelassenheit auf die Erde drücken.

Jeder von uns kann das tun, vorausgesetzt wir wollen es wirklich sehr. Jedes Kind kann es. Wenn wir einen Schritt friedvoll machen können, können wir zwei machen, drei, vier und fünf. Wenn wir einen Schritt friedvoll und glücklich machen können, sind wir der Grund für Frieden und Glück für die gesamte Menschheit. Die Geh-Meditation ist eine wunderbare Übung.

*   *   *

Buddhas grundlegende Dharma-Rede über die Meditation, das Satipatthana Sutta, gibt es in Pali, Chinesisch und vielen anderen Sprachen, einschließlich Englisch und Französisch (und Deutsch, Anm. d. Übersetzerin). Nach diesem Text ist Meditieren, achtsam zu sein, was in Deinem Körper, Deinen Gefühlen, Deinem Geist und den Objekten Deines Geistes, welche die Welt sind, vor sich geht. Wenn Du achtsam bist, was geschieht, kannst Du sehen, wie sich die Probleme entfalten und Du kannst dazu beitragen, viele davon zu verhüten. Wenn die Dinge explodieren, ist es zu spät. Die wichtigste Frage ist, wie wir mit unserem Alltag umgehen. Wir wir mit unseren Gefühlen, unserem Reden, mit den alltäglichen Dingen umgehen, ist Meditation. Wir müssen lernen, Meditation im Alltag anzuwenden.

Es gibt vielerlei zu tun. Zum Beispiel können alle vor dem Abendessen um den Tisch sitzen und Atmen praktizieren, drei langsame Atemzüge. Du atmest, um Dich wiederzufinden, um Du selbst zu sein. Ich bin sicher, daß Du jedesmal, wenn Du auf diese Weise tief atmest, wieder ganz Du selbst wirst. Dann kannst Du jeden anschauen und lächeln, nur für zwei oder drei Sekunden, nicht lange, bevor Du mit dem Essen beginnst. Wir haben nie Zeit, einander anzusehen, selbst die nicht, die wir lieben, und bald wird es zu spät sein. Es ist wunderbar, das zu tun, jede(n) aus unserem Haushalt offen wertzuschätzen.

In Plum Village liest ein Kind den Gatha vor dem Essen. Es hält eine Schale Reis und weiß, daß es sehr glücklich ist. Als Flüchtling weiß es, daß Kinder in vielen Ländern Südostasiens nicht genug zu essen haben. Die Reisart, die man im Westen kauft, ist die beste aus Thailand importierte Reissorte. Die Kinder wissen, daß selbst die Thai-Kinder in Thailand nicht die Möglichkeit haben, solchen Reis zu essen. Sie essen Reis schlechterer Qualität. Der gute Reis wird exportiert, um ausländische Devisen zu bekommen. Wenn ein Flüchtlingskind eine Schale Reis hoch hält, muß es daran denken, wie glücklich es ist. Es weiß, daß jeden Tag 40.000 Kinder seines Alters verhundern. Dann sagt das Kind etwas wie: »Heute sind gute Sachen auf dem Tisch, die Mutti gerade gekocht hat. Dort sehe ich Papa, dort meinen Bruder, dort meine Schwester. Es ist so gut so zusammen zu sein und zu essen, während es so viele gibt, die hungrig sind. Ich bin sehr dankbar.«

Es gibt so viele Übungen, die wir tun können, um Achtsamkeit in unser tägliches Leben zu bringen: bewußt atmen zwischen Telefongesprächen, Geh-Meditation zwischen Geschäftsbesprechungen, Meditation praktizieren wenn wir hungrigen Kindern helfen oder Kriegsopfern. Buddhismus muß engagiert sein. Was nützt es, Meditation zu praktizieren, wenn sie mit unserem Alltag nichts zu tun hat?

* * *

Du kannst Dich sehr glücklich fühlen, wenn Du Atmen und Lächeln praktizierst. Du hast die Voraussetzungen dafür. Du kannst es in einem Meditationsraum tun. Du kannst es zu Hause tun. Du kannst es im Park tun, am Flußufer, überall. Ich möchte vorschlagen, daß wir in jeder Wohnung einen kleinen Raum fürs Atmen haben. Wir haben einen Raum zum Schlafen, einen Raum zum Essen, einen Raum zum Kochen, warum nicht einen Raum zum Atmen? Atmen ist sehr wichtig.

Ich schlage vor, den Raum einfach auszuschmücken, nicht zu leuchtend. Du könntest eine kleine Glocke mit einem schönen Klang, ein paar Kissen oder Stühle und vielleicht eine Vase Blumen nehmen, die uns an unsere wahre Natur erinnert. Kinder können die Blumen arrangieren, bewußt lächelnd. Wenn Dein Haushalt aus fünf Personen besteht, kannst Du fünf Kissen oder Stühle nehmen und zusätzlich einige für Gäste. Vielleicht wirst Du von Zeit zu Zeit einen Gast einladen, mit Dir für drei oder fünf Minuten zu sitzen und zu atmen.

Wenn du eine Statue oder ein Bild von Buddha haben möchtest, sei wählerisch. Ich sehe oft Buddhas, die nicht entspannt und friedvoll sind. Die Künstler, die sie machen, praktizieren nicht Atmen, Lächeln. Sei wählerisch, wenn Du einen Buddha bittest, heimzukommen. Ein Buddha sollte lächeln, glücklich, schön, um unserer Kinder willen. Wenn sie sich nicht gestärkt und glücklich fühlen, wenn sie den Buddha ansehen, ist es keine gute Statue. Wenn Du keinen schönen Buddha findest, warte und nimm statt dessen eine Blume. Eine Blume ist Buddha. Eine Blume hat Buddhanatur.

Ich weiß von Familien, wo Kinder in einen solchen Raum nach dem Frühstück gehen, sich setzen und zehnmal atmen, ein-aus eins, ein-aus zwei, ein-aus drei, zehnmal, und dann zur Schule gehen. Das ist eine sehr schöne Praxis. Wenn Dein Kind nicht zehnmal atmen möchte, wie ist es mit dreimal? Den Tag damit anzufangen, ein Buddha zu sein, ist eine schöne Art, den Tag zu beginnen. Wenn wir am Morgen ein Buddha sind und versuchen, den Tag hindurch den Buddha zu nähren, sind wir vielleicht in der Lage, am Ende des Tages mit einem Lächeln heimzukommen — der Buddha ist noch da.

Wenn Du erregt wirst, brauchst Du nichts zu tun oder zu sagen. Folge nur Deinem Atem und gehe langsam in den Raum. (Der Raum zum Atmen symbolisiert auch unser eigenes inneres Buddha-Land. So können wir dort eintreten, wann immer nötig, auch wenn wir nicht zu Hause sind.) Ich habe einen Freund, der jedesmal, wenn er sich aufregt, den Atem-Raum seines Hauses aufsucht. Er setzt sich respektvoll nieder, atmet dreimal ein und aus, lädt die Glocke ein zu tönen und rezitiert den Gatha. Sofort fühlt er sich besser. Wenn es nötig ist, länger zu sitzen, bleibt er dort. Von Zeit zu Zeit hört seine Frau die Glocke, während sie das Essen zubereitet. Sie hört den Klang der Glocke, der sie daran erinnert, aufmerksam ihre Arbeit zu tun. In solchen Zeiten schätzt sie ihren Mann aus tiefem Herzen. »Er ist so wunderbar, so anders als Andere. Er kann mit Ärger umgehen.« Wenn sie selbst gereizt war, schwindet ihr eigener Ärger. Manchmal hört sie auf, Gemüse zu schneiden und geht in den Atem-Raum, um mit ihm zu sitzen. Das ist ein so liebenswertes Bild, schöner als ein teures Gemälde.

110

In dieser Weise zu handeln, hat eine gute Wirkung auf alle: durch das Beispiel lehren, nicht durch Worte. Wenn Dein Kind aufgeregt ist, brauchst Du nicht zu sagen: »Gehe in den Raum!« Du kannst seine oder ihre Hand nehmen und zusammen mit ihm in den Raum zum Atmen gehen und ruhig mit ihm sitzen. Das ist die beste Erziehung zum Frieden.

Es ist wirklich schön, den Tag damit zu beginnen, ein Buddha zu sein. Jedes Mal, wenn wir dabei sind, unseren Buddha zu verlassen, können wir solange sitzen und atmen, bis wir zu unserem wahren Selbst zurückgekehrt sind. Drei Dinge empfehle ich Euch: Einen Atem-Raum, einen Raum für die Meditation zu Hause einzurichten; jeden Morgen für ein paar Minuten mit Euren Kindern Atmen zu praktizieren und zu sitzen; und mit Euren Kindern vor dem Schlafengehen langsam zu einer Meditation herauszugehen. Zehn Minuten sind genug. Diese Dinge sind sehr wichtig. Sie können unsere Zivilisation verändern.